Das gesunde Familienkochbuch

75 gute Rezepte

Dieses Buch ist meinen vier Kindern Sigmar, Clara, Anton und Matthias gewidmet.

Das gesunde Familienkochbuch

75 gute Rezepte

Titel der isländischen Originalausgabe:
Heilsuréttir fjölskyldunnar

First published by BF-útgáfa ehf., Iceland

Text © 2012 Berglind Sigmarsdóttir
Photography: Gunnar Konráðsson
Design: Þóra Sigurðardóttir

Published by agreement with BF-útgáfa ehf.

© 2015 Neuer Umschau Buchverlag,
Neustadt an der Weinstraße,
für die deutsche Ausgabe

www.umschau-buchverlag.de

Alle Rechte an der Verbreitung, auch durch Film, Funk, Fernsehen, fotomechanische Wiedergabe, Tonträger aller Art, auszugsweiser Nachdruck oder Einspeicherung und Rückgewinnung in Datenverarbeitungsanlagen aller Art, sind vorbehalten. Die Inhalte dieses Buches sind von Autorin und Verlag sorgfältig erwogen und geprüft, dennoch kann eine Garantie nicht übernommen werden. Eine Haftung von Autorin und Verlag für Personen-, Sach-, und Vermögensschäden ist ausgeschlossen.

Anmerkung des Herausgebers: Das in diesem Buch versammelte Wissen basiert auf den individuellen Erfahrungen der Autorin. Es ist als allgemeine Information zu verstehen und gibt weder die Meinung eines Fachmanns aus dem Gesundheitswesen wieder, noch soll oder kann es die Beratung durch einen solchen ersetzen.

Redaktion und Lektorat: Sibille Hoffmann, Baden-Baden
und Laura Reil, Neustadt a.d. Weinstraße
Übersetzung: Anika Wolff, Berlin
Satz: Kaisers Ideenreich, Neustadt a.d. Weinstraße
Druck und Verarbeitung: Neografia, a.s.

Printed in Slovakia
ISBN: 978-3-86528-146-3

INHALT

Vorwort	8
Essen wir gemeinsam echte Lebensmittel!	12
Die Nährstoffe	14
Lebensmittel als Medizin – unsere Geschichte	18
Was sind Kinderportionen?	30
Was Sie tun können, wenn Ihr Kind zu Übergewicht neigt	32
Ein gesundheitsbewusster Lebensstil	42
Ernährungsumstellung bei Kindern	50
Wir Eltern tragen die Verantwortung	53
Nehmen Sie Proviant mit	55

FRÜHSTÜCK 57

Haferbrei mit Heidelbeeren	58
Eier	59
Joghurt für Schleckermäuler mit Obst und Müsli	60
Frühstücksbrei mit Hanfmilch und Goji-Beeren	61
Wasser	62
Omega-Fettsäuren	63
Gesunde Knabbereien	64

GETRÄNKE 67

Pinker Ingwer-Cranberry-Saft	68
Piña Colada	70
Mamashake	71
Kindershake	71
Gehaltvolle Säfte und gesundes Eis	72
Slush	72
Einer für alle: Karotten-Apfel-Saft	72
Erfrischend anders: Saft mit Karotte, Apfel, Roter Bete und Ingwer	72
Stimmungsmacher mit Sellerie, Ananas und Ingwer	74
Liebestrunk mit Apfel, Mango und Passionsfrucht	74
Grüner Tee mit Zitrone, Ingwer und Honig	75

Saubermacher: Pfefferminztee mit Zitrusfrüchten und Cranberry	77

HAUPTGERICHTE 79

Afrikanischer Hähncheneintopf	80
Blumenkohlbratlinge	82
Sandwich ohne Brot	84
Apfel-Birnen-Salat mit überbackenem Ziegenkäsebrot	86
Auberginen-Kichererbsen-Eintopf	88
Rote Superheldensuppe (mit unsichtbarem Gemüse)	90
Fischbällchen	92
Kürbislasagne	94
Hähnchenbrust in Sojasauce und Honig	96
Pizza ohne Getreidemehl	98
Indische Lammkeule	100
Putenburger mit Dinkelbrötchen	102
Kebab-Bällchen	104
Hähnchenhappen mit Honigsauce	106
Hähnchensalat	108
Chili sin Carne	110
Hähnchenwraps	112
Frikadellen	114
Lachs	116
Lachstatar	119
Chili con Carne mit Tortillachips und Guacamole	120
Pasta	122
Nudeln selbst herstellen	125
Ravioli	128
Tagliatelle	132
Hähnchenbrust in Pekannusskruste	134
Gebratener Kabeljau	136
Roastbeef	138
Linsenbolognese	140
Scharfe Hähnchen-Nudel-Suppe	142
Gebratener Fisch in Sesam-Kokos-Panade	144
Gebratener Heilbutt	146

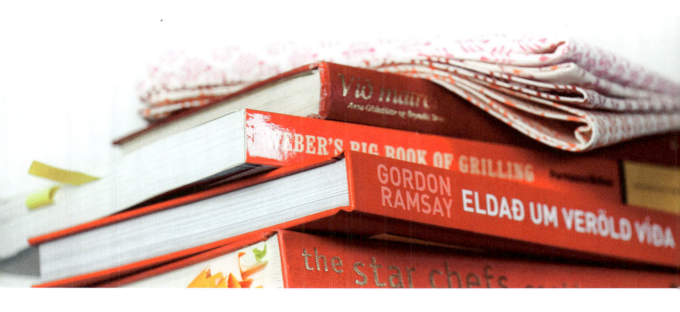

SÜSSE CREMES, SAUCEN UND PIKANTE BEILAGEN	**149**
Die beste Marmelade	151
Saft	152
Schoko-Erdnuss-Creme	154
Glasiertes Wurzelgemüse	156
Dattelmus	158
Spinat-Kartoffel-Püree	160
Süßkartoffelpüree	161
Petersilienwurzelpüree	162
Tomatensalat	162
Knoblauch-Kartoffel-Püree	162
Chili-Kartoffelecken	165
Süßkartoffel-Pommes-Frites	165
Rote-Bete-Apfel-Salat	166
Selbst gemachtes Ketchup	168
Hausgemachte Mayonnaise	171
Chilimayonnaise	171
Glutenfreies Pfannenbrot	173
Dinkel-Naanbrot	174
Asiasalat	176
GEBÄCK	**179**
Sonntagsbrötchen	180
Glutenfreie Waffeln	182
Mandelplätzchen	184
Knäckebrot	186
Geburtstagskuchen – Eis im Hörnchen	189
Schoko-Nuss-Kuchen ohne Mehl	190
Engelskringel mit Marzipanfüllung	192
Glutenfreie Pfannkuchen	194
Walnussbrot	196
Schoko-Cookies ohne Mehl	198
Apfel-Birnen-Crumble	200
SÜSSES	**203**
Knusperherzen	204
Cornflakestörtchen	205
Mandelriegel	206
Müsliriegel	209
Schokoladenfondue	210
Schokoladeneis	213
Zimteis	214
Erdbeereis	215
Danksagung	216

❋ VORWORT ❋

Für Lebensmittel und ihre Zubereitung habe ich mich schon immer interessiert. Da ich zudem mit einem Meisterkoch verheiratet bin, nimmt das Kochen in unserer Familie einen hohen Stellenwert ein. Wir haben vier Kinder und ich bin fest davon überzeugt, dass es kaum etwas Wichtigeres gibt, als sich abends zusammenzusetzen, das gemeinsame Essen zu genießen und sich über alles zwischen Himmel und Erde zu unterhalten. Dabei war mir immer — oder zumindest fast immer — auch die Gesundheit wichtig und ich habe großen Wert darauf gelegt, gutes und gesundes Essen zu kochen.

Als bei unserem ältesten Sohn Sigmar die Diagnose „Tourette-Syndrom" gestellt wurde, standen seine Chancen für eine Therapie nicht gut. Bisher gibt es keine Medikamente, die die Krankheit heilen könnten. Schlimmer noch, es heißt, dass man auch zu ihrer Linderung kaum beitragen kann. Doch ich war fest entschlossen, alles zu versuchen. Ich habe alles gelesen, was ich über den Zusammenhang zwischen Ernährung und Krankheiten, Allergien, Unverträglichkeiten und sonstigen Beschwerden finden konnte. Je mehr ich recherchierte, desto stärker hatte ich den Verdacht, dass seine Ernährung einen wichtigen Einfluss auf sein Befinden haben könnte. Daher beschloß ich, die Ernährung meines Sohns komplett umzustellen.

Und tatsächlich: Nach einiger Zeit zeigte der neue Speiseplan des Jungen ganz offensichtlich Wirkung. Das bestärkte mich in meiner Überzeugung, dass die Ernährung einen starken Einfluss auf unser Befinden und unsere Gesundheit hat, vor allem bei Kindern.

Die richtige Ernährung und ein gesunder Lebensstil sind die Voraussetzung für unser körperliches und seelisches Wohlbefinden. Gleichzeitig legen wir damit einen Grundstein für die Zukunft unserer Kinder: Indem wir ihnen schon in jungen Jahren zeigen, dass ein gesundheitsbewusster Lebensstil erstrebenswert ist, können wir sie vor vielen der modernen Zivilisationskrankheiten bewahren, unter denen immer mehr Menschen leiden und die nicht weniger werden wollen, z. B. Übergewicht, Diabetes, Herzkreislauferkrankungen und Krebs. Bewegung und eine gesunde Ernährung sind einfach die beste Vorbeugung.

Es ist an uns Erwachsenen, die Kinder hier an die Hand zu nehmen, denn wir tragen die Verantwortung für ihren Lebensstil. Dabei muss jeder für sich selbst abwägen und entscheiden, was richtig und was falsch ist – beim Thema Ernährung werden die Meinungen wohl immer auseinandergehen. Hoffentlich kann dieses Buch aber dem einen oder anderen dabei helfen, einen Schritt in Richtung eines besseren Lebensstils und einer gesünderen Ernährung zu machen.

Dieses Buch soll Ideen geben, gesund und nährstoffreich und gleichzeitig leicht und kindgerecht zu kochen. Denn immer noch rümpfen viele Kinder die Nase, wenn Sie „gesundes Essen" hören. Nach wie vor glauben sie, dass „gesund" zu essen bedeutet, dass Mahlzeiten langweilig und alles andere als lecker sind. Dass das nicht so sein muss, zeige ich Ihnen mit den Rezepten aus diesem Buch.

An dieser Stelle möchte ich meinem Mann Sigurður Gíslason danken. Seine Liebe zum Kochen hat die Arbeit an diesem Buch noch spannender gemacht. Nicht selten ist er mir zur Seite gesprungen, wenn ich mich buchstäblich in die Ecke gekocht hatte.

Mein Ziel war es, einen Ratgeber für die ganze Familie rund um das Thema gesunde Ernährung zu schreiben, mit Rezepten aus überwiegend natürlichen Zutaten und vielen Tipps zur richtigen Lebensmittelauswahl. Gleichzeitig möchte ich Ihnen aber auch zeigen, wie leicht es sein kann, mehr Bewegung in unseren Alltag zu bringen.

Ich selbst hatte das Gefühl, mich bei der Vorbereitung für dieses Buch durch einen Dschungel an Lesestoff schlagen zu müssen. Trotz der Vielfalt der Rezepte fehlten mir oft Gerichte, die zur Ernährung unserer Familie passten. Die Rezepte, die Sie hier finden, sind vielfach erprobt und erfreuen sich bei uns zu Hause großer Beliebtheit.

Ich hoffe sehr, dass auch Sie die Rezepte genauso genießen werden wie wir!

Berglind

❉ ESSEN WIR GEMEINSAM ECHTE LEBENSMITTEL! ❉

Ernährung muss heute vor allem praktisch sein: Wichtiger als der Nährwert ist den meisten, wie schnell sich ein Gericht zubereiten lässt – wenn nicht gleich auf Essen „to go" zurückgegriffen wird. In unseren Breitengraden hat sich die Ernährung im Laufe der Zeit, besonders in den letzten Jahrzehnten, drastisch verändert: Einst jagten die Menschen ihr Essen und bauten ihr eigenes Obst und Gemüse an; heute kaufen sie Tütennahrung im Supermarkt. Lange haltbar und voller Konservierungsmittel, Farb-, Füll- und anderen Zusatzstoffen, die kaum einer kennt, versteckt hinter Zahlen- und Buchstabenkombinationen, die nur wenige entschlüsseln können. Für maximale Wirtschaftlichkeit wird verdünnt, gestreckt und dafür gesorgt, dass Tiere, Getreide und Gemüse üppiger und schneller wachsen. Doch für uns Konsumenten bedeuten die eingesetzten Hormone, Düngemittel und Pestizide leider weniger Qualität und weniger „echte Lebensmittel".

Die Folge: Der westliche Durchschnittsmensch isst hauptsächlich verarbeitete Lebensmittel mit zugesetztem Fett und Zucker, viel weißes Mehl und wenig Obst, Gemüse und Vollkornprodukte. Gepaart mit zu wenig Bewegung kann diese Art der Ernährung Wohlstandskrankheiten wie Übergewicht, Diabetes (Typ 2), Herzkreislauferkrankungen und diverse andere Beschwerden begünstigen.

Ernährungswissenschaftler, Ärzte und andere Spezialisten betonen in den letzten Jahren immer mehr, wie wichtig das Verdauungssystem für alle Körperfunktionen ist. Wie wir alle wissen, ist der Verdauungsapparat dafür zuständig, Nahrung zu verdauen und zu verwerten. Über den Verdauungstrakt nimmt der Körper alle Nährstoffe auf, die er braucht, um normal arbeiten zu können. Ohne gesunde Darmflora kann das Verdauungssystem nicht effizient arbeiten. Ist die Verdauung gestört, können sich leicht Krankheiten entwickeln oder einzelne Nahrungsbestandteile, wie zum Beispiel Milchzucker oder Weizenproteine, nicht richtig abgebaut werden.

Dr. Natasha Campell, Neurologin und Ernährungswissenschaftlerin, schreibt in ihrem Buch *Gut and Psychology Syndrome* (Darm-und-Psychologie-Syndrom) über Autismus, Aufmerksamkeitsdefizit, Hyperaktivität, Allergien, Asthma, Ekzeme, Dyspraxie (Koordinations- und Entwicklungsstörung) und Legasthenie. All diese Krankheiten haben in den letzten Jahren extrem zugenommen. Campell ist der festen Überzeugung, dass es erstens einen Zusammenhang zwischen jenen Krankheiten gibt und dass sie zweitens alle mit dem Verdauungssystem zu tun haben.

Sogenannte Wohlstandskrankheiten wie die oben Erwähnten tauchen fast ausschließlich in Industrieländern auf, in denen Lebensmittel gegessen werden, die eigentlich gar keine echten Lebensmittel mehr sind. So würde es zumindest Michael Pollan ausdrücken, ein bekannter Verfechter gesunder Ernährung. Keine echten Lebensmittel – damit meint er stark verarbeitete, von Lebensmittelspezialisten entwickelte Nahrungsmittel. Sie enthalten oft Zutaten aus Mais und Soja, die untypisch für die isländische Küche und für unseren Körper ungewohnt sind. Viele Fachleute sagen, dass der Körper nicht weiß, was er mit solcher „Pseudonährung" anfangen soll. Er kann sie nicht vernünftig verdauen und damit nehmen die Probleme ihren Lauf.

Aber was tun? Die allermeisten aktuellen Ernährungstheorien geben eine im Grunde sehr simple Empfehlung: Meide Fabrikware, wähle „echte Lebensmittel". Frische Lebensmittel, die ihrem Ursprungszustand so nah wie möglich sind. Und schließlich: Koche mehr selbst, wie wir das auch früher getan haben. Wir müssen uns wirklich bewusst machen, was da in den Supermärkten angeboten wird. Um möglichst viel verkaufen zu können, setzen die Hersteller auf unser angeborenes Verlangen nach Süßem, Salzigem und Fettigem und reichern ihre Produkte damit an – in rauen Mengen. Wir als Konsumenten müssen wachsam sein, aufmerksam die Inhaltsangaben auf den Verpackungen lesen, hinterfragen, was in unserer Nahrung steckt, und mitverfolgen, in welcher Umgebung und mit welchem Futter die Tiere aufwachsen, die wir essen. Denn das steht für uns Konsumenten an erster Stelle. Wenn sich etwas ändern soll, ist es an uns, das einzufordern. Die Hersteller tun, was sie können, um am meisten Profit herauszuschlagen. Unsere Aufgabe ist es, gesunde und reine Lebensmittel zu fordern.

Viele Naturheilkundler und Ernährungswissenschaftler empfehlen Menschen mit diversen Beschwerden, ihre Ernährung umzustellen und auf alles zu verzichten, was stark verarbeitet wurde, zum Beispiel weißes Mehl und weißer Zucker. Manche gehen sogar noch weiter und streichen Hefe, Gluten und Milchprodukte komplett von ihrem Speiseplan, verzichten zumindest eine Zeitlang darauf oder schränken den Konsum stark ein. Das macht sich oft positiv bemerkbar; viele werden dadurch ihre Beschwerden sogar ganz los. Doch so etwas braucht Zeit, das geht nicht von heute auf morgen. Es braucht einige Monate, um den Körper zu reinigen und wieder aufzubauen; das verlangt Ausdauer und Geduld.

Die Essenszeit war lange eine wichtige Familienzeit. Sich jeden Tag mindestens einmal zu einer gemeinsamen Mahlzeit zusammenzufinden, stärkt die Familienbande enorm. Einst war das gemeinsame Essen ein wichtiger Punkt auf der Tagesordnung: Die Menschen kamen zusammen, besprachen alle wichtigen Ereignisse des Tages, sahen sich in die Augen, spürten die Nähe der anderen und aßen gemeinsam – eine unschätzbar wertvolle Zeit. Gerade heute, wo die meisten Kinder und Jugendlichen nach der Schule mit ihren Hobbys beschäftigt sind und zu Hause dann vor dem Computer, am Handy oder vor dem Fernseher hängen. Nicht von ungefähr trifft man sich extra, um gemeinsam zu speisen. Héðinn Unnsteinsson hat das einmal ziemlich trefflich ausgedrückt: „Es ist kein Zufall, dass zum Essen eingeladen wird, wenn es um Geschäfte oder die Partnerwahl geht."

Wir Isländer gehören zu den dicksten Völkern auf dieser Erde. Aber auch die Menschen in Europa und in den USA werden immer dicker. Das ist ein besorgniserregender Zustand, an dem dringend etwas geändert werden muss. Achten wir darauf, was wir essen und auf ausreichende Bewegung: für eine gesunde Zukunft für uns und unsere Kinder!

Die Nährstoffe

Um gesund zu bleiben, braucht unser Körper **Kohlenhydrate**, **Proteine**, **Fette**, **Mineralstoffe**, **Vitamine** und **Wasser**.

VITAMINE

Vitamine sind lebensnotwenig (essenziell) für Wachstum, Vitalität und Wohlbefinden. Sie liefern keine Energie. Die meisten von ihnen kann der Körper nicht selbst herstellen. Daher müssen sie in ausreichender Menge über die Nahrung aufgenommen werden.

FETTLÖSLICHE VITAMINE: A, D, E und K. Sie lassen sich nur in Verbindung mit Fett vom Körper aufnehmen. Überschüssige fettlösliche Vitamine kann der Körper im Gewebe speichern.

WASSERLÖSLICHE VITAMINE: Alle B-Vitamine und Vitamin C. Diese Vitamine können nicht im Körper gespeichert werden.

VITAMIN	VORKOMMEN	WIRKUNG	MANGELERSCHEINUNGEN
Vitamin A	Leber, Fischöl, Fisch, Milch-produkte; als Beta-Carotin in Karotten, Spinat, Petersilie, Aprikosen und Melonen	Wichtig für Wachstum und Fortpflanzung; unerlässlich für den Sehvorgang; für gesunde Haut, Zähne und Zahnfleisch	Trockene Augen, Sehstörungen, Nachtblindheit, Hautschäden, gesteigerte Infektanfälligkeit, Wachstumsstillstand
Vitamin D	Dorschleber, Fischöl (Lebertran), Lachs, Hering, Heilbutt, Sprossen, Eier, Butter, Sonnenblumenkerne und Pilze; Sonnenlicht	Stärkt das Immunsystem; Aufbau von Knochen und Zähnen, verhindert Zahnschäden	Rachitis, Zahnschäden, bei Erwachsenen Knochener-weichung, vorzeitiges Altern und erhöhte Infektanfälligkeit
Vitamin E	Pflanzliche Öle, Mandeln, Nüsse, Sonnenblumenkerne, Eier, Avocado, rote Paprika, Aprikosen, Voll-kornmehl	Zellschutzvitamin: Schutz vor freien Radikalen, Schutz der Lunge; verringert das Risiko eines Herzinfarkts	Muskelschwäche, Nervenstörungen Herzerkrankungen, vorzeitiges Altern, Lungenfunktionsstörungen
Vitamin K	Rosenkohl, Brokkoli, Vollkornprodukte, Hühnerfleisch, Weizenkeime, grünes Blattgemüse	An der Blutgerinnung be-teiligt, sorgt für den Erhalt der Blutplättchen; hat Einfluss auf die Mineralisierung der Knochen	Störung der Blutgerinnung und der Knochenmineralisierung, Dickdarmentzündungen und Störung der Nahrungsverwertung
Vitamin B1 (Thiamin)	Schweinefleisch, Vollkornmehl, ganzer Hafer, Naturreis, Gemüse, Nüsse und Samen, Kartoffeln	Wichtig für das Nervensystem, die Verdauungsorgane, das Herz und den Energiestoffwechsel	Müdigkeit, Appetitlosigkeit und Konzentrationsschwäche; Störungen im Verdauungs- und Nervensystem
Vitamin B2 (Riboflavin)	Milch und Milchprodukte, Gemüse (z. B. Brokkoli, Grünkohl), Avocado, Vollkornbrot, Leber, Fleisch, Fisch, Sonnenblumenkerne, Mandeln	W chtig für den Eiweiß- und Energiestoffwechsel: reduziert Müdigkeit und Erschöpfung, sorgt für gesunde Haare, Nägel und Haut und stärkt das Sehvermögen	Risse an den Mundwinkeln, Entzündung der Mundschleimhaut, rote, müde Augen, entzündliche Hautveränderungen und Ekzeme
Vitamin B6 (Pyridoxin)	Lachs, Forelle, Makrele, Fleisch, Eier, Vollkornmehl, Karotten, Kartoffeln, Hülsenfrüchte, Melone, Milch, Milchprodukte	Unterstützt den Protein- und Energiestoffwechsel; reduziert Müdigkeit und Erschöpfung, stärkt das Immunsystem; Blutbildung	Blutarmut und Hautveränderungen im Nasen- und Augenbereich, erhöhte Reizbarkeit, Schlaf-losigkeit und nervöse Störungen.

VITAMIN	VORKOMMEN	WIRKUNG	MANGELERSCHEINUNGEN
Vitamin B12 (Cobalamin)	Innereien. Eigelb, Fisch, Meeresfrüchte, Rindfleisch, Leberwurst, Spirulina-Algen	Zellwachstum und Zellerneuerung, Blutbildung, Protein-, Fett- und Kohlenhydratstoffwechsel	Blutarmut, Müdigkeit, erhöhte Infektanfälligkeit, häufige Blutergüsse, Sehstörungen und Verfall von Nervenzellen
Biotin	Innereien, Hefe, Haselnüsse, Soja, Weizenkleie, Tomatenmark, Eigelb	Unterstützt den Nährstoff- und Energiestoffwechsel; sorgt für gesunde Haut und Haare	Blasse Haut, Zungenbrennen, Schwäche, leichte Ermüdbarkeit; Zusammenhang mit dem plötzlichen Kindstod
Niacin	Hefe, Sardellen, Thunfisch, Lachs, Weizenkleie, Innereien, Nüsse, Putenfleisch, Pilze, Leber, Eier	Beteiligung am Energiestoffwechsel, reduziert Müdigkeit; Abbau von Kohlenhydraten, Fettsäuren, Aminosäuren	Diarrhoe, Demenz, Hautveränderungen
Folsäure (Folat)	Grünes Blattgemüse, Eier, Leber, Fleisch, Bohnen, Avocado	Unterstützt das Immunsystem; wichtig für Aminosäuresynthese, Blutbildung und Zellteilung	Blutarmut, Wachstumsstörungen, Herabsetzung der Antikörperbildung
Pantothensäure	Innereien, Fisch (Hering), Eier, Kartoffeln, Vollkornprodukte, Avocado, Pilze, Nüsse	Stärkt das Immunsystem; gut gegen Haarausfall; lindert Arthritis, reduziert Müdigkeit und Erschöpfung	Haarausfall, Hauterkrankungen, Abgeschlagenheit, Müdigkeit, Schlaflosigkeit
Vitamin C	Zitrusfrüchte, Beerenobst, Kartoffeln, Tomaten, Brokkoli, Kiwi, Paprika, Rosenkohl	Radikalfänger (Antioxidans); Aufbau von Bindegewebe, Haut, Knochen und Zähnen; stärkt das Immunsystem und fördert die Eisenaufnahme	Skorbut, lockere Zähne, Zahnfleischentzündung, Blutarmut, Müdigkeit, Muskelschwäche

Vitamin-B12-Mangel ist in den letzten Jahren viel im Gespräch gewesen. Man hört immer wieder von Menschen, die wegen extremer Müdigkeit zum Arzt gehen und einen B12-Mangel diagnostiziert bekommen. Vitamin B12 ist schwer verdaulich, daher werden oft Depottabletten empfohlen. Bei schwerwiegendem Mangel kann Vitamin B12 auch intramuskulär gespritzt werden.

Vegetarier sollten im Hinterkopf haben, dass Gemüse extrem arm an Vitamin B12 ist. Die Pflanze mit dem höchsten Vitamin-B12-Gehalt ist Spirulina. Wer Muskeltraining macht und viel Eiweiß zu sich nimmt, muss wissen, dass hoher Eiweißkonsum den Bedarf an Vitamin B12 erhöht.

Ein Thema, das auf Island in den letzten Jahren häufig im Gespräch war, ist **Vitamin-D-Mangel.** Die Isländer nehmen deutlich weniger Fisch und Fischöl zu sich als früher. Zudem bekommen sie einen Großteil des Jahres wenig Sonnenlicht ab. Dies gilt auch für einen großen Teil der Bevölkerung in ganz Mittel- und Nordeuropa. Dadurch wird das Immunsystem geschwächt und Erkältungen und Infektionen häufen sich vor allem in den Wintermonaten. Der Körper braucht Vitamin D, um Calcium verarbeiten zu können, das wiederum für starke Knochen und Zähne notwendig ist. Vitamin-D-Mangel wird außerdem mit diversen Krankheiten in Verbindung gebracht, unter anderem mit Krebs, Autoimmunerkrankungen, Infektions- und Herzkrankheiten.

MINERALSTOFFE

Mineralstoffe sind nicht-energieliefernde Bestandteile, unentbehrlich für das Wachstum, die optimale Ausnutzung der Nährstoffe und vielfältige Stoffwechselfunktionen. Die wichtigsten Mineralstoffe sind Calcium, Jod, Eisen, Magnesium, Phosphat und Zink. Sie müssen in ausreichendem Maß mit der Nahrung zugeführt werden. Viele Mineralstoffe und Vitamine wirken zusammen und brauchen einander.

MINERALSTOFF	VORKOMMEN	WIRKUNG	MANGELERSCHEINUNGEN
Calcium	Milch, Milchprodukte, grünes Gemüse (z.B. Grünkohl, Porree, Bohnen), Mandeln, Lachs, Sardinen, Nüsse	Grundbaustein von Zähnen und Knochen; unterstützt die Blutgerinnung; wichtiger Faktor bei der Reizübertragung im Muskel, senkt den Blutdruck, mindert das Risiko von Herz-Kreislauf-Erkrankungen	Knochenschwund, Knochenbrüche, Zähneknirschen, brüchige Nägel, Schlaflosigkeit, Zahnschäden, Depressionen, Hyperaktivität
Jod	Jodiertes Speisesalz, Algen, Seefisch, Meeresfrüchte, Käse, Milch und Milchprodukte	Wichtiger Bestandteil der Schilddrüsenhormone; beteiligt an der Proteinsynthese; für gesunde Haare, Haut und Nägel	Konzentrationsmangel, Ausbildung eines Kropfes, Wachstumsstörungen, Müdigkeit, Kraftlosigkeit
Eisen	Leber (Leberwurst), Herz, rotes Fleisch, Haferflocken, Eigelb, Nüsse, Naturreis, Samen, Oliven, Hülsenfrüchte	Bildung von roten Blutkörperchen und Hämoglobin; Sauerstofftransport, Zellteilung (Wachstum)	Müdigkeit, Kraftlosigkeit, Haarausfall, blasse Haut, Anämie (Blutarmut, Kopfschmerzen), Wachstumsstörungen
Magnesium	Grünes Gemüse und Blattgemüse, Samen, Nüsse, Vollkornprodukte, Naturreis, Algen, Soja, Hülsenfrüchte	Aufbau von Knochen und Zähnen; reguliert die Muskel- und Nervenreizbarkeit, mindert Verdauungsprobleme und beugt Nieren- und Gallensteinen vor; hilft bei Depressionen und schützt das Herz	Müdigkeit, Erschöpfung, Muskelkrämpfe, Zittern, Appetitlosigkeit und Herzrasen
Phosphat	Geflügel, Fisch, Wurstwaren, Vollkornprodukte, Eier, Nüsse, Samen	Wichtig für die Stabilität von Knochen und Zähnen, für Wachstum, Eiweiß- und Energiestoffwechsel	Knochenbrüche und Zahnfleischprobleme, Schwächezustände, Herzschwäche
Zink	Käse, Eier, Lamm- und Schweinefleisch, Leber, Nüsse, Weizenkeime, Gemüse, Fisch	Unterstützt Wachstum und geistige Leistungsfähigkeit; senkt den Cholesterinspiegel.	Haarausfall, Schuppen, vergrößerte Prostata, verkalkte Gefäße, Schlaf- und Verhaltensstörungen

CALCIUM: Der Körper braucht Vitamin D, Omega-3- und Omega-6-Fettsäuren, um Calcium verwerten zu können. Eltern, die ganz auf Milchprodukte verzichten, sollten sich vergewissern, dass ihre Kinder trotzdem genügend Calcium zu sich nehmen. Eine gute Alternative ist es, 2–3 Teelöffel Tahin (Sesammus) in Brei oder Shakes zu mischen oder Hummus daraus zu machen. Ebenfalls sehr calciumreich sind Mandeln. Ein paar Mandeln in der Butterbrotdose, ein Schälchen zum Knabbern für Zwischendurch oder eine Tüte Mandeln im Auto liefern eine Extraportion Calcium. Auch Mandelmilch und Mandelmehl sind gute Calciumlieferanten.

EISEN: Großer Kaffee- und Teekonsum erschwert es dem Körper, Eisen aufzunehmen.

[16]

WAS IST IM VORRATSSCHRANK?

Wer verhindern will, dass die Kinder zwischendurch lauter ungesundes Zeug naschen, sollte dieses ungesunde Zeug am besten gar nicht erst im Haus haben. Das ist gleichzeitig auch der bessere Weg, sie an eine gesunde Ernährung heranzuführen, als ihnen die Leckereien aus dem Vorratsschrank zu verbieten. Das betrifft dann natürlich auch die Ess- und Naschgewohnheiten der Erwachsenen.

SCHULESSEN

Was zu Hause auf den Tisch kommt, hat jeder selbst in der Hand. Doch je älter die Kinder werden, desto schwieriger wird es, den Überblick zu behalten, was ihnen anderswo angeboten wird. Denn natürlich essen sie auch bei Freunden, auf Geburtstagen, Klassenfeiern, Pyjamapartys und so weiter. Doch selbstverständlich können wir Eltern auch da mitreden. Das gilt insbesondere für das Essen in der Schule. Informieren Sie sich, was dort auf dem Speiseplan steht, und setzen Sie sich dafür ein, dass es gesund ist.

ZEIT FÜRS FRÜHSTÜCK

Das Frühstück ist bekanntlich die wichtigste Mahlzeit des Tages. Ein gehaltvolles Frühstück gibt uns die Kraft, uns auf Schule und Arbeit zu konzentrieren. Daher ist es wichtig, die Kinder so früh zu wecken, dass genügend Zeit für ein ordentliches Frühstück bleibt.

LEBENSMITTEL ALS MEDIZIN — UNSERE GESCHICHTE

Eines Tages beobachtete ich eine deutliche Veränderung im Verhalten unseres ältesten Sohns. Da war Sigmar elf Jahre alt. Ein paar kleine Ticks hatte er zwar auch früher schon gehabt, zum Beispiel streckte er ständig die Arme nach vorne, doch ich hatte dem keine große Beachtung geschenkt, weil ich es für völlig harmlos hielt. Er hatte auch schon lange Zeit viel gehustet und sich ständig geräuspert – ich dachte, dass es eine hartnäckige Erkältung sei. Nachdem kein Hustenmittel anschlug und mir langsam klar wurde, dass das keine Erkältung sein konnte, ging ich mit ihm zu einem Darmspezialisten – ohne Erfolg. Dann veränderte sich sein Zustand schlagartig. Er zeigte neue Ticks und die Frequenz nahm deutlich zu. Nachdem wir an einem Aprilabend mehr Ticks als jemals zuvor bei ihm gesehen hatten, beschloss ich, dem ernsthaft nachzugehen. Ich musste nicht lange suchen, um eine Antwort zu finden. Mein Sohn hatte aller Wahrscheinlichkeit nach eine Krankheit, die Tourette hieß. Als ich die Krankheitsbeschreibung las, war mir plötzlich alles klar. Es stimmte alles:

Tourette-Syndrom (TS) ist eine Nervenkrankheit, die auf ungleichmäßige Transmitterflüsse im Gehirn zurückzuführen ist. Das deutlichste Symptom sind sogenannte Ticks, sinnlose und unkontrollierbare Bewegungen oder Laute. Weitere Symptome sind oft Zwangshandlungen und Zwangsvorstellungen und/ oder Aufmerksamkeitsdefizit und Hyperaktivität.

Das war vielleicht ein Schock! Tourette ist eine unheilbare Krankheit. Mir schwirrte der Kopf. Wie sehr würde die Krankheit sein Leben beeinflussen? Wie würde sie sich weiterentwickeln? Würde es noch schlimmer werden?

Ich hatte beobachtet, dass Sigmar in letzter Zeit ziemlich reizbar geworden war. Dabei war er immer ein ruhiger Junge gewesen und hatte viele Freunde. Doch jetzt gab es ständig Krach in der Schule, er hatte Streit mit seinen Kameraden und war abends verdrießlich und beklommen. Das entsprach dem, was uns der Nervenarzt später über die Begleiterscheinungen von Tourette sagen würde. Auch vergesslich war Sigmar schon immer gewesen und dass er seine Klamotten verlegte, kam nicht selten vor. Doch seine Vergesslichkeit wurde immer schlimmer. Ich machte mir ernsthaft Gedanken, ob es daran liegen konnte, dass unser Sohn Schwierigkeiten hatte, sich zu konzentrieren. Da Sigmar ein guter Schüler war, hatte ich mir darüber bisher keinen Kopf gemacht. Später erfuhr ich, dass Konzentrationsschwäche ein typisches Symptom des Tourette-Syndroms ist.

Menschen mit Tourette-Syndrom werden wegen ihrer Ticks oft gehänselt. Die Krankheit kann das alltägliche Leben extrem beeinträchtigen. Dazu kommen noch Nebenerscheinungen wie Konzentrationsstörungen und Ängste. Die einzelnen Ticks können unterschiedlich stark ausgeprägt sein, von ständigem Augenzucken und Räuspern über Sich-im-Kreis-Drehen bis hin zu verbalen Äußerungen und Lauten. Manche fluchen oder sagen („unanständige") Dinge, die sie in unangenehme Situationen bringen.

An diesem Abend konnte ich nicht einschlafen. Ich hatte stundenlang alles studiert, was ich über die Krankheit finden konnte, und allen möglichen Spezialisten und Ärzten E-Mails geschrieben. Im Internet war ich auf den Bericht einer Mutter in genau meiner Situation gestoßen. Sie hatte nach natürlichen Wegen gesucht, um ihrem Sohn zu helfen — und damit Erfolg gehabt. Das war mein Rettungsanker. Ich beschloss, denselben Weg zu gehen.

Als Erstes strich ich Zucker, Hefe und weißes Mehl von Sigmars Speiseplan. Nach gut einer Woche war der Junge ziemlich gereizt und empfindlich — vermutlich Entzugserscheinungen, da es für den Körper belastend ist, nicht mehr das zu bekommen, was er gewohnt ist. Nach einem Gespräch mit einem dänischen Ernährungswissenschaftler ließ ich auch Gluten, Milchprodukte und alle verarbeiteten Nahrungsmittel weg.

Außerdem machte ich einen Termin bei einem Nervenarzt, zu dem wir drei Wochen später gingen — das Beste hoffend und doch wissend, was er sagen würde. Nach zehn Minuten stand die Diagnose fest: Sigmar hatte tatsächlich das Tourette-Syndrom. Der Arzt hatte so gut wie nichts Positives zu sagen. Er meinte, dass es kein Medikament gäbe, das die Krankheit heilen würde. Und dass er nur ein einziges Medikament kenne, das die Symptome lindern könnte. Dieses Medikament würde er aber höchstens im Notfall verschreiben, wenn Sigmar überhaupt nicht mehr zurecht käme oder extrem gemobbt würde. Das Medikament hätte eine ziemlich benebelnde Wirkung und wäre daher nicht zu empfehlen.

Ich las noch mehr über die Krankheit und vereinbarte Termine bei weiteren Ärzten. Sigmars Zustand verschlechterte sich zusehends und ich machte mir große Sorgen, dass er in der Schule geärgert würde. In jener Zeit hatte er bis zu vier oder fünf Ticks in der Minute. Ich fragte den Nervenarzt, ob die veränderte Ernährung etwas damit zu tun haben könnte. Er hatte von so etwas zwar schon gehört, aber es gab keine klinischen Studien, die einen Zusammenhang belegten.

Für mich war die Sache einfach: Da es ohnehin keine andere Lösung für Sigmar gab, hatten wir nichts zu verlieren. Von der enormen Bedeutung und Wirkung einer gesunden Ernährung war ich ohnehin felsenfest überzeugt und wir versuchten auch damals schon, gut und gesund zu essen und zu kochen. Wir mussten also für unseren Jungen einfach nur noch einen Schritt weiter gehen.

Von da an aß Sigmar nur noch, was ich ihm gab. Auf Kindergeburtstagen hatte er selbst gebackene Pizza und Kuchen dabei. In die Schule nahm er immer etwas fürs Mittagessen mit, entweder Reste vom Vorabend oder ich kochte extra etwas für ihn. Das ist natürlich anstrengend, aber Sigmar hat das noch besser gemeistert als erwartet. Alles kreiste damals nur um das Thema Ernährung, mein einziger Gedanke war: Was gibst du dem Jungen als Nächstes zu essen? So eine Ernährungsumstellung ist alles andere als ein Spaziergang. Schon allein an entsprechende Rezepte zu kommen, ist eine Herausforderung.

Was die Ernährung anging, war ich extrem streng mit Sigmar. Ich wurde oft gefragt, ob der Arme denn nie „frei" bekäme. Als auch er selbst anfing, nach einer Pause zu fragen, ließ ich mich erweichen. Am nächsten Samstagabend durfte er essen, was er wollte.

Sigmar aß Süßigkeiten, Chips und alles Mögliche, was ich ihm verboten hatte. Eine Stunde später vervielfachten sich alle seine Ticks. Er verlor nahezu die Kontrolle über sich selbst und lag auf dem Boden, musste so stark husten, dass er zwischen den Hustenanfällen noch nicht einmal richtig Luft holen konnte. Wir Eltern sahen fassungslos zu und versuchten, ihm irgendwie zu helfen. Schließlich war er so erschöpft, dass er einschlief. Am nächsten Tag ging es ihm dreckig. Er übergab sich, hatte Bauchschmerzen, schlimme Migräne und so viele Ticks wie nie zuvor. Selbst am Montag setzten ihm die Ticks noch arg zu.

Ich weiß noch, wie ich mir den Kopf darüber zerbrach, was ich tun sollte: Ihn krank melden oder in dieser Verfassung zur Schule schicken? Ich hatte Angst vor den Folgen, vor Zankereien und dass er sich unwohl fühlen würde. Andererseits wollte ich ihm aber auch nicht beibringen, vor Problemen davonzulaufen – zumal ich ja auch nicht wusste, wie lange dieser Zustand noch anhalten würde. Ich besprach mich mit Sigmar und wir beschlossen, dass er gehen sollte. Noch bevor die Schule aus war, rief Sigmars Lehrer an. Dem Jungen ginge es schlecht, er hätte nur mit seinen Ticks zu kämpfen und die anderen Kinder würden schon seinen Zustand und sein Verhalten kommentieren. Ein Kollege hätte vermutet, dass Sigmar am Wochenende etwas Schlechtes gegessen habe. Wie Recht er damit hatte!

Ich wusste nicht mehr weiter. Mein Kind hatte vor lauter Ticks keine Kontrolle über seinen Körper mehr und hatte zwei Tage lang kaum atmen können. Aber ich hatte keine Ahnung, wohin ich mich wenden sollte. Es gibt keine anerkannte Behandlungsmethode gegen die Krankheit, daher kann man aus Sicht der traditionellen Schulmedizin nichts tun. Doch ich wollte die Flinte nicht ins Korn werfen. Seine Reaktion auf die Lebensmittel war so eindeutig, dass ich den Entschluss fasste, mich lieber an Ernährungsspezialisten und solche Ärzte zu wenden, die ebenfalls daran glauben, dass Ernährung etwas bewirken kann.

Nachdem ich mich gründlich ins Thema eingelesen hatte, beschloss ich, mit Sigmar vier Personen aufzusuchen: Allgemeinarzt Hallgrímur Magnússon, der unter anderem ein Buch über die Candida-Infektion geschrieben hat; Naturheilpraktikerin Matthildur Þorláksdóttir; Sozialarbeiterin und Ernährungsberaterin Maria Steffensen aus Dänemark, die sich darauf spezialisiert hat, Kindern mit ADHS, Tourette und anderen Krankheiten bei der Ernährungsumstellung zu helfen. Und schließlich Eygló Sigurðardóttir, die u. a. Heilmassagen anbietet.

Die vier Experten waren sich im Großen und Ganzen einig darüber, was für Sigmar am besten war. Das ließ auch mich wieder daran glauben, dass ich etwas für den Jungen tun konnte. Ich sollte ihm kein stark verarbeitetes Mehl (z. B. weißes Weizenmehl), keinen weißen Zucker und keine Hefe geben und jegliche industriell verarbeiteten Lebensmittel, alle Zusatzstoffe, MNG (Mononatriumglutamat) und Milchprodukte meiden. Die meisten meinten zudem, dass er sich am besten auch glutenfrei ernähren sollte, daher hielt ich mich auch daran. Das bedeutete, dass er kein normales Brot mehr essen durfte, weder Vollkorn noch Dinkel, und auch normale Müslis kamen nicht mehr infrage.

Das bedeutete eine enorme Umstellung für das tägliche Kochen und Essen, die man am besten Schritt für Schritt angeht. Als ich den Kindern im Laufe der Zeit jegliche gezuckerten Cerealien verbot und stattdessen möglichst gesundes Essen auftischte, war ich oft die „blöde Mama". Die schrittweise Umstellung hat es sicher etwas einfacher gemacht, aber ich kann nicht bestreiten, dass das Ganze insgesamt sehr nervenaufreibend war – zumal ich ja vier Kinder hatte, das jüngste gerade mal ein paar Monate alt.

Abends wollte ich immer etwas kochen, was für die ganze Familie geeignet war. Um den Kindern die Umstellung etwas leichter zu machen, probierte ich alles Mögliche aus und versuchte, trotzdem etwas Leckeres aufzutischen. Natürlich waren nicht immer alle zufrieden, doch ich feilte unermüdlich an den Rezepten und machte mir die Expertise meines Mannes zunutze, der Koch ist. Ich wusste, welche Zutaten wir verwenden durften, und mein Mann, wie man diesen oder jenen Geschmack hervorzaubert. So haben wir zusammen unsere Rezepte für gesundes und gutes Essen entwickelt.

Doch zurück zu Sigmar: Was genau passierte da eigentlich mit ihm? Und warum hing das so sehr mit seiner Ernährung zusammen? Ich wollte mehr wissen – gerade weil so selten über den Zusammenhang von Krankheit und Ernährung gesprochen wird. Nach Gesprächen mit vielen Experten bin ich mir sicher: Die Ursache für die Entstehung vieler Krankheiten liegt im Verdauungssystem. Bestimmte Nahrungsmittel können bei dafür sensibilisierten Menschen die Schleimhäute des Verdauungstrakts nachhaltig schädigen, wie z.B. bei einer Glutenunverträglichkeit. Die Schleimhaut wird dünn und löchrig, was die Aufnahme von Nährstoffen vermindert und das Auftreten neuer Erkrankungen begünstigt. Ich bin mir vollkommen im Klaren darüber, dass diese Theorie umstritten ist und ich werde nichts behaupten, das nicht wissenschaftlich belegt ist. Doch mir erscheint das in vielerlei Hinsicht logisch – insbesondere angesichts meiner bisherigen Erfahrung mit Sigmars Krankheit und dem, was dann geschah.

Laut der vier Spezialisten, mit denen ich gesprochen hatte, braucht der Körper vier bis sechs Monate, um sich zu reinigen. Nach dieser Zeit könne ich mit ersten Erfolgen rechnen. Ich war sehr streng mit Sigmar, der jedoch alles brav mitmachte – klug wie er ist, denn er wollte ja auch selbst unbedingt die Ticks loswerden. Dreh- und Angelpunkt war, sein Verdauungssystem wieder aufzubauen und die leeren Nährstoffspeicher aufzufüllen. Sigmar bekam einen individuellen Ernährungsplan und erhielt zusätzlich Lactobacillus Acidophilus (Milchsäurebakterien), Kapseln mit Omega-3-6-9-Fettsäuren, Magnesiumpulver, Calcium, Zink und Vitamine.

In den ersten vier Monaten war Sigmars Zustand genauso schlimm wie zu Beginn, wenn nicht noch schlimmer. Doch plötzlich war eine Veränderung zu sehen. Die Ticks nahmen stetig ab, und ich schöpfte neue Hoffnung. Wenn Sigmar doch heimlich etwas naschte, kamen die Ticks sofort zurück. Es war, als hätte er einen Lügendetektor in seinem Körper. Hin und wieder aß er in der Schule etwas, das er nicht vertrug. Das war nicht zu übersehen, wenn er nach Hause kam.

Neben der Ernährung beeinflussen auch Befinden und Stimmung die Ticks, z. B. Belastung, Stress und Freude. Menschen mit Tourette haben ein empfindliches Immunsystem und sind daher anfällig für alle möglichen Allergien und Unverträglichkeiten. Mindestens ein Drittel des Immunsystems liegt in den Falten des Dünndarms, daher ist dort eine natürliche Bakterienflora wichtig. Ist die Dünndarmflora gestört, kann das Immunsystem nicht richtig arbeiten, was zu Allergien, Infektionen usw. führen kann. Die Ticks von Tourette-Patienten werden nicht immer von denselben Faktoren beeinflusst, doch die Ernährung spielt oft eine große Rolle. Neben Zucker, der am häufigsten genannt wird, haben zum Beispiel Pollen, starkes Waschmittel oder Chlor im Schwimmbad einen Einfluss.

In dem Moment, wo ich das hier schreibe, ist knapp ein Jahr vergangen, seit wir Sigmars Ernährung umgestellt haben. Er zeigt so gut wie keine Symptome mehr. Es vergehen Tage, bis uns mal wieder ein einzelner Tick auffällt. Und das passiert auch nur, wenn er etwas gegessen hat, das er nicht verträgt, oder wenn er gestresst ist. Sigmar ist inzwischen auch wieder sehr ausgeglichen, gerät nicht mehr so leicht mit anderen aneinander, hat viele Freunde und ist so positiv und fröhlich wie früher. Sein Verdauungssystem ist ganz offenbar in einem deutlich besseren Zustand als vorher, denn er verträgt Lebensmittel, auf die er früher stark reagiert hat, inzwischen ein bisschen besser. Wir halten uns immer noch an den besonderen Speiseplan, aber wenn Sigmar zu einem Geburtstag eingeladen ist, machen wir eine Ausnahme. Er muss dann nicht mehr sein eigenes Essen mitbringen, sondern darf essen, was es dort gibt – allerdings in Maßen. An zuckriger Limonade hat er zum Glück kein Interesse und Süßigkeiten meidet er ohnehin, denn er weiß ja, was sie mit ihm machen.

DIE WICHTIGSTEN REGELN FÜR SIGMARS ERNÄHRUNG:

► **Keinen weißen Zucker, keine künstlichen Süßstoffe** (wie z. B. Aspartam in Light-Getränken); **Süßungsmittel** wie Agavendicksaft, Xylit, Honig, Roh- und Palmzucker **so wenig wie möglich**, vor allem in den ersten Monaten.

► **Keine Milchprodukte** außer reiner Butter (der Naturheilpraktiker, der uns beriet, meinte, dass Butter zu einem Großteil aus Fett bestehe, daher sei das in Ordnung). Nach sechs Monaten haben wir das ein bisschen gelockert: Sigmar darf jetzt wieder Saucen essen, die saure Sahne oder Joghurt enthalten, ca. einen EL zum Essen.

► **Kein Gluten** (was Gluten ist, wird auf S. 27 erklärt). Sigmar isst ausschließlich das, was ich aus glutenfreiem Mehl für ihn gebacken habe, z. B. Knäckebrot, Waffeln, Pfannkuchen usw., aber auch das nur in Maßen. Glutenfreie Pasta gibt es im Supermarkt fertig zu kaufen.

► **Keine Hefe.** Auch viele Gewürze, z. B. Universalwürzmittel, enthalten Hefe. Man muss wirklich sorgfältig die Inhaltsangaben auf den Packungen der Produkte lesen. Zum Backen kann man alternativ Weinsteinbackpulver verwenden.

► **Kein MNG** (Mononatriumglutamat). Auch hier heißt es, die Würzmittelliste sorgfältig zu studieren. Viele (Bio-)Gewürzmischungen kommen auch ohne MNG aus. Mehr über MNG auf S. 48.

► **Am besten keine Zusatzstoffe**, wie Farbstoffe, Konservierungsmittel oder Füllstoffe.

► **100%ige Säfte darf er trinken, aber so wenig wie möglich.**

► **Keine verarbeiteten Fleischwaren, am besten überhaupt keine verarbeiteten Lebensmittel.**

PROTEINE

Proteine sind unentbehrlich für das Wachstum und die Instandhaltung von Zellen und somit für den Aufbau von Muskeln, Haut, Haaren, Blut, Nägeln und Organen. Wir brauchen Proteine, um Hormone zu produzieren, und damit unser Immunsystem arbeiten kann. Proteinreiche Lebensmittel sind zum Beispiel:

MENGE	LEBENSMITTEL	PROTEIN
100 g	rohe Linsen	24 g
80 g	gebratenes Hähnchenbrustfilet	16 g
80 g	Thunfisch aus der Dose	19 g
80 g	mageres Lammfleisch	10 g
1 Stück	hart gekochtes Ei	7 g
30 g	Kürbiskerne	10 g

KOHLENHYDRATE

Kohlenhydrate sind der wichtigste Energielieferant unseres Körpers.

EINFACHE KOHLENHYDRATE

Einfache Kohlenhydrate wirken sich negativ auf den Blutzuckerspiegel aus. In großen Mengen konsumiert, können sie sich auf die Stimmung und das allgemeine Wohlbefinden niederschlagen. Einfache Kohlenhydrate stecken vor allem in Kuchen, Keksen und anderen Produkten, die weißen Zucker, weißes Mehl oder weißen Reis enthalten. Überschüssige Kohlenhydrate werden als Fett im Körper gespeichert. Daher kann jahrelanger übermäßiger Konsum dieser ungesunden Kohlenhydrate zu Übergewicht und Krankheiten wie Diabetes führen. Das Ganze ist ein Teufelskreis: Hat der Körper einfache Kohlenhydrate aufgenommen, verstärkt das wiederum die Lust auf Fettiges und Süßes. Zurückzuführen ist das auf die Wirkung, die einfache Kohlenhydrate auf den Blutzuckerspiegel haben.

KOMPLEXE KOHLENHYDRATE

Komplexe Kohlenhydrate wirken sich deutlich weniger auf den Blutzuckerspiegel aus. Sie werden langsamer aufgespalten und der Zucker wird gleichmäßiger an das Blut abgegeben. Die Körperfunktionen bleiben im Gleichgewicht und die Energie, die aus den Kohlenhydraten gewonnen wird, kann optimal verwertet werden. Komplexe Kohlenhydrate sind also gesünder und für den täglichen Konsum die bessere Wahl. Gemüse, Obst, Vollkornbrot und Naturreis enthalten reichlich gute Kohlenhydrate und sollten daher täglich auf dem Speiseplan stehen.

WEIßES MEHL, VOLLKORNMEHL ODER DINKELMEHL?

Ich habe mal eine kundige Frau gefragt, warum Dinkel eigentlich so gut ist. Sie meinte, das liege vor allem daran, dass der Körper Dinkel leicht verdauen könne. Ich muss zugeben, dass ich damals dachte: „Ja schön — und?" Das war, bevor mir klar wurde, dass das Fundament einer guten Gesundheit eine gute Verdauung ist. Dinkelvollkornmehl enthält wertvolle Mineralstoffe und leicht verdauliches Eiweiß. Dinkelmehl ist teurer als normales Weizenmehl, daher werden in Bäckereien meist „gemischte" Brote angeboten. Solche Brote heißen dann „Dinkelbrot", obwohl nur ein Teil des Mehls auch wirklich Dinkelmehl ist. Am besten fragen Sie einfach nach, ob das Brot aus 100 % Dinkelmehl gebacken wurde. Ob nun Dinkel oder eine andere Sorte — verwenden Sie grundsätzlich Vollkornmehl. Dieses enthält noch alle Vitamine und Mineralstoffe und ist daher gesünder als stark verarbeitetes weißes Mehl. Zu den stark verarbeiteten Lebensmitteln zählen alle Produkte aus weißem Mehl, wie z. B. helles Brot und helle Pasta sowie weißer polierter Reis. Diese Lebensmittel enthalten nahezu keine Nähr- und Ballaststoffe mehr. Wenn Sie Brot kaufen, dann wählen Sie am besten ein grobkörniges Brot — und essen nicht zu viel davon.

BALLASTSTOFFE

Ballaststoffe sind weitgehend unverdauliche pflanzliche Nahrungsbestandteile. Sie zählen in der Regel zu den nicht verwertbaren Kohlenhydraten und sind wichtig für eine gute Verdauung. Sie liefern keine bzw. nur wenige Kalorien. Lebensmittel, die viele Ballaststoffe enthalten, sind z. B. Vollkornprodukte, Obst, Gemüse, Bohnen, Nüsse und Samen. Ballaststoffreiche Lebensmittel müssen ausgiebig gekaut und mit reichlich Flüssigkeit verzehrt werden.

WAS IST GLUTEN?

Bei einer Glutenunverträglichkeit (Zöliakie) besteht eine lebenslange Unverträglichkeit gegenüber dem Klebereiweiß Gluten. Dieses sind Eiweißmoleküle, die in vielen Getreidearten wie Weizen, Hafer, Gerste, Roggen und Dinkel vorkommen. Gluten kann bei Menschen mit entsprechender Veranlagung zu einer Schädigung der Darmschleimhaut mit weitreichenden Folgen führen.

Die aufgenomme Nahrung wird bei Gesunden im Dünndarm in ihre Bestandteile zerlegt und anschließend an das Blut abgegeben. Liegt eine Glutenunverträglichkeit vor, so ist die Aufnahme einzelner oder mehrerer Nährstoffe über die Dünndarmschleimhaut aufgrund einer entzündlichen (immunologischen) Beeinträchtigung verringert. Diese Entzündung bleibt nur so lange bestehen, wie der Betroffene glutenhaltige Lebensmittel zu sich nimmt. Typische Symptome sind Durchfall, Müdigkeit, Gewichtsverlust und Mangelerscheinungen wie Vitamin B12- oder Vitamin D- Mangel.

Da glutenfreie Getreideprodukte nur wenige Ballaststoffe enthalten, muss besonders auf eine abwechslungsreiche Ernährung mit viel Obst und Gemüse geachtet werden. Lesen Sie auch immer die Inhaltsangaben auf den Verpackungen. Getreide und somit Gluten findet sich als Zusatzstoff in vielen verarbeiteten Lebensmitteln und Fertiggerichten.

BIO

Bio-Lebensmittel werden ohne den Einsatz von künstlichem Dünger oder Pestiziden erzeugt. Bei Bio-Fleischprodukten wird auf artgerechte Haltung der Tiere geachtet. Außerdem bekommen sie natürliches Futter ohne Hormone. Gentechnische Veränderungen sind bei Bio-Lebensmitteln tabu.

Bio-Produkte sind oft teurer als konventionell hergestellte Lebensmittel. Daher können es sich die meisten Menschen nicht leisten, nur bio zu kaufen. Hoffentlich ändert sich das irgendwann. Andererseits ist klar, dass besseres Essen, das leckerer schmeckt und einen höheren Nährwert hat, auch teuer ist, weil die Aufzucht und Verarbeitung langsamer und sorgfältiger vonstatten geht.

BACKPULVER ODER WEINSTEIN?

In Rezepten für gesundheitsbewusste Gerichte wird immer häufiger Weinsteinbackpulver statt gewöhnlichem Backpulver empfohlen. Wo liegt der Unterschied?

Weinstein ist ein natürliches Salz, das sich beim Gärungsprozess am Weinfass absetzt. Weinsteinbackpulver besteht aus Weinstein, Natriumcarbonat und Maismehl. Es ist glutenfrei (es wird nicht mit Weizenmehl gestreckt) und enthält kein Phosphat. Gewöhnliches Backpulver kann einfach durch Weinsteinbackpulver in derselben Menge ersetzt werden.

HEFE

Brote enthalten für gewöhnlich Trocken- oder Frischhefe, die bei sensiblen Menschen allergische Reaktionen hervorrufen können. In Sigmars Fall lautete die Empfehlung, auf Brot und Backwaren, die mit Trocken- und Frischhefe hergestellt wurden, komplett zu verzichten. Dies gilt insbesondere auch bei einer Candida-Infektion (eine Infektion durch einen Pilz). Dennoch müssen Sie nicht auf Brot und Backwaren verzichten. Fragen Sie bei Ihrem Bäcker nach Sauerteigbrot oder verwenden Sie alternativ Sauerteig (Reformhaus) für Ihr selbst gebackenes Brot.

WAS SIND KINDERPORTIONEN?

Für jede Altersgruppe gibt es Empfehlungen, wie viele Kalorien und Nährstoffe Kinder zu sich nehmen sollten. Orientieren Sie sich einfach an diesen Angaben. Dann bekommen Sie schnell ein gutes Gespür dafür, ob Ihr Kind ausreichend versorgt ist.

WAS SIND KALORIEN?

Mit Kalorien (und/oder Kilojoule) wird der Energiegehalt von Lebensmitteln angegeben. Genauer gesagt besteht die Energie, die unser Körper aus der Nahrung gewinnt, aus Kohlenhydraten, Fett und Protein. Vitamine und Mineralstoffe hingegen enthalten keine Energie.

TÄGLICHER BEDARF

Kindergartenkinder brauchen etwa 1000–1400 Kalorien am Tag, um gesund und fit zu bleiben.

Gemüse	1 Tasse (mittelgroß, ca. 240 ml)
Obst	1 Tasse (mittelgroß, ca. 240 ml)
Getreide	85 g, z. B. Haferbrei, Müsli, Naturreis; 1 Scheibe Brot enthält ca. 50 g Getreide
Fleisch und Hülsenfrüchte	55–85 g
Milchprodukte	2 Tassen (ca. 500 ml)
Öle	3 TL
Fettiges und Süßes	So wenig wie möglich

Grundschulkinder brauchen etwa 1400–2000 Kalorien am Tag. Sehr aktive Kinder, die sich viel bewegen, brauchen an die 2000 Kalorien, ruhige Kinder weniger.

Gemüse	2 Tassen (ca. 500 ml)
Obst	1 ½ Tassen (ca. 375 ml)
Getreide	140–170 g, z. B. Haferbrei, Müsli, Naturreis; 1 Scheibe Brot entspricht ca. 50 g Getreide
Fleisch und Hülsenfrüchte	140 g
Milchprodukte	3 Tassen (ca. 750 ml)
Öle	4 TL
Fettiges und Süßes	So wenig wie möglich

Jugendliche brauchen 1600–3000 Kalorien am Tag. Jungen, die Sport oder Krafttraining machen und sehr aktiv sind, brauchen 3000 Kalorien.

Gemüse	3 Tassen (ca. 750 ml)
Obst	2 Tassen (ca. 500 ml)
Getreide	170 g, z. B. Haferbrei, Müsli, Naturreis; 1 Scheibe Brot entspricht ca. 50 g Getreide
Fleisch und Hülsenfrüchte	142–170 g
Milchprodukte	3 Tassen (ca. 750 ml)
Öle	5–6 TL
Fettiges und Süßes	So wenig wie möglich

WAS SIE TUN KÖNNEN, WENN IHR KIND ZU ÜBERGEWICHT NEIGT

Ganz klar: Eine Diät kommt für Kinder nicht infrage. Eine falsche Ernährungsweise und der Mangel an Bewegung sind ursächlich für Babyspeck und Übergewicht bei Kindern. Langfristige Erfolge erzielen Sie nur dann, wenn Sie die Ernährung Ihres Kindes geschickt, behutsam und nachhaltig umstellen und mehr Bewegung in den Alltag bringen.

1. **Schränken Sie alle stark zuckerhaltigen Nahrungsmittel ein,** z. B. Süßigkeiten, Kuchen, Kekse, gezuckerte Cerealien, Eis und Müsliriegel (die sehen zwar gesund aus, sind es aber meist nicht). Solche Snacks sollte es nur ab und zu geben, auf keinen Fall täglich! Werfen Sie auch einen Blick auf den Zuckergehalt von Milchprodukten wie Joghurt. Am besten kaufen Sie Naturjoghurt, den Sie selbst mit Obst, Nüssen etc. verfeinern (siehe S. 60). Viele Lebensmittel enthalten versteckten Zucker, z. B. Ketchup, Erdnussbutter (abgesehen von reiner Erdnussbutter aus dem Bioladen), Cerealien sowie Obst und Gemüse aus der Konserve.

2. **Schränken Sie fettreiche Nahrungsmittel ein.** Verzichten Sie weitgehend auf frittierte und panierte Lebensmittel. Diese haben in der Regel einen hohen Gehalt an gesättigten Fettsäuren und wahnsinnig viele Kalorien. Dazu gehören Chips, Pommes frites, Schmalzgebäck, Donuts, frittiertes Hähnchen usw.

3. **Schränken Sie verarbeitete Lebensmittel ein,** z. B. Würstchen, Fleischbällchen, fetthaltigen Brotaufstrich (z. B. Nuss-Nougat-Cremes), Hamburger (es sei denn, selbst gemacht aus gutem Fleisch und mit nur wenig fettiger Sauce). Auch Chicken Nuggets sind viel gesünder, wenn man sie selbst macht (siehe S. 106).

4. **Wählen Sie die richtigen Durstlöscher.** Die meisten Säfte und Limonaden sind stark gezuckert. 100%iger Fruchtsaft ist gut, wenn er in Maßen getrunken wird. Reiner Saft ist allemal besser als Fruchtsäfte mit niedrigem Fruchtgehalt oder Nektare, denen weißer Zucker oder Süßstoffe zugefügt wurden. Trotzdem sollten Kinder mit Übergewicht auch reinen Saft nur in Maßen zu sich nehmen: Jedes Glas Saft enthält viele Kalorien und Fruchtzucker, der die Zähne angreift. Die besten Durstlöscher sind Wasser bzw. Mineralwasser und ungesüßter Tee. Auch Schorlen aus Mineralwasser und reinem Saft sind ein gutes Getränk. Energydrinks hingegen sind absolut nichts für Kinder. Sie enthalten Zusatzstoffe wie Koffein, Konservierungsmittel oder Farbstoffe, die Kindern aus vielerlei Gründen nicht zuträglich sind. Milch ist kein Durstlöscher. Übergewichtige Kinder (ab zwei Jahren) sollten generell Magermilch bzw. fettarme Milch bekommen, da diese weniger Kalorien enthält als Vollmilch.

5. **Schränken Sie verarbeitetes Getreide und Brot aus weißem Mehl ein,** z. B. weißes Toastbrot, Hot-Dog-Brötchen und Pizzateig. Am besten reduzieren Sie hier Schritt für Schritt. Viele Kinder essen generell zu viel und zu feines Brot. Zum Frühstück Cerealien aus feinem Mehl, mittags Toastbrot und zum Abendessen Pizza oder Sandwiches — das ist schlichtweg zu viel Brot und Mehl. Bevorzugen Sie Brot und Backwaren aus Vollkornmehl. Helle Nudeln sollten Sie ebenfalls reduzieren und stattdessen lieber auf Vollkornprodukte umsteigen. Reichern Sie Pasta mit guten Eiweißen an, zum Beispiel durch Fleisch, Geflügel oder Thunfisch und Gemüse. Nur Pasta mit Sauce ist nicht nahrhaft genug. Brot ist auch als Beilage sehr beliebt, z. B. in Form von Knoblauchbrot. Damit steht dann noch mehr Brot auf dem Speiseplan. Kinder mögen solche Brote gerne, und schwupps werden sie zum Hauptgericht, ohne dass die Eltern etwas daran ändern könnten. Sie nehmen sich eine Schnitte nach der anderen und sind plötzlich satt.

6. **Übergewichtige Kinder sollten regelmäßig essen. Das Frühstück ist besonders wichtig für sie.** Abendliches Snacken sollte vermieden werden, zum Beispiel durch die Abmachung, dass es ab 20 Uhr nichts mehr gibt. Wird noch kurz vor dem Schlafengehen gegessen, kann der Körper diese Kalorien nicht mehr verarbeiten. Nächtliches Verdauen ist ungesund, denn im Schlaf hat der Körper anderes zu tun.

7. Ältere Kinder und vor allem Jugendliche wollen oft keine Pausenbrote mit in die Schule nehmen, sondern lieber Geld, von dem sie sich etwas zu essen kaufen können. Das macht es in der Regel nicht besser. **Anstatt mit gesundem Proviant von zu Hause aufzubrechen, kaufen sie sich Süßes beim Bäcker oder im Supermarkt und gezuckerten Saft oder Limos dazu.** Versuchen Sie daher, Ihre Kinder so lange wie möglich mit gesundem Pausensnack in die Schule zu schicken. Auf Fertiggerichte oder Tiefkühlpizza zu Mittag sollten Sie verzichten. Fertiggerichte sind oft weniger nahrhaft, enthalten aber viel Fett und Zusatzstoffe, wie z. B. den Geschmacksverstärker Glutamat. Auch Tiefkühlpizza hat kaum einen Nährwert, da der Boden meist aus weißem Mehl ist und der Belag zu einem Großteil aus Käse und verarbeitetem Fleisch wie Salami besteht.

8. **Bieten Sie Ihrem Kind als Erstes Wasser an, wenn es zwischen den Mahlzeiten sehr hungrig wirkt.** Wenn Kinder etwas essen wollen, steckt tatsächlich oft nur Durst dahinter.

Wie sich unser Lebensstil in den letzten 30 Jahren geändert hat und warum Übergewicht bei Kindern heute viel häufiger vorkommt:

FRÜHER	HEUTE
Die meisten Kinder sind zu Fuß zur Schule gegangen.	Viele Kinder werden mit dem Auto zur Schule gebracht.
Es gab nur einen Fernsehsender und tagsüber kein Fernsehprogramm.	Es gibt viele Sender und den ganzen Tag über Programm. Über DVD-Player und Computer können jederzeit Filme geguckt werden.
Oft war ein Elternteil zu Hause.	In den meisten Familien arbeiten beide Elternteile auswärts und die Kinder sind allein, wenn sie nach Hause kommen. Für die Eltern ist es schwieriger, nachzuvollziehen, was die Kinder essen, sich im Fernsehen ansehen oder am Computer spielen.
Kinder haben viel draußen gespielt, sowohl im Sommer als auch im Winter.	Kinder spielen die meiste Zeit drinnen.
Ungesunde Nahrungsmittel wurden nicht speziell für Kinder vermarktet.	Werbung für ungesunde Lebensmittel richtet sich direkt an Kinder.
Das Frühstück war einfach und zuckerarm.	Es gibt eine große Auswahl an gezuckerten Cerealien und gezuckerten Milchprodukten.
Wenige Imbissbuden.	Viele Imbissbuden.
Kinder haben Kontakte von Angesicht zu Angesicht geknüpft und gepflegt.	Kinder kommunizieren per SMS, Facebook, MSN, Twitter etc. miteinander.
Sport zu treiben hat wenig bis nichts gekostet.	Sport zu treiben ist teuer: hohe Vereinsbeiträge und teure Ausrüstung.

WÄHLERISCHE ESSER

Wer kennt das nicht: Man hat ein gutes, gesundes Rezept herausgesucht, musste vielleicht sogar in zwei Läden gehen, um alle Zutaten zu bekommen, hat ewig am Herd gestanden, und dann, wenn die Köstlichkeit endlich auf dem Tisch steht, will das Kind nicht essen. Wow, das könnte einen geradezu verrückt machen. Manche Kinder sind von Anfang an wählerisch, mögen kaum etwas und wollen auch nichts probieren. Hier ein paar Tipps für den Umgang mit wählerischen Kindern:

- Seien Sie ein gutes Vorbild. Kinder wollen kein Obst und Gemüse essen, wenn sie ihre Eltern ständig mit der Hand in der Chipstüte sehen. Wenn Sie allerdings mit großem Appetit Salat und Gemüse essen, ist das ein wichtiger Ansporn.

- Nehmen Sie Ihr Kind mit in die Küche. Erklären Sie ihm die Zutaten und Nährstoffe. Lassen Sie das Kind beim Kochen mithelfen, lassen Sie es einen Namen für das Gericht finden, eine Speisekarte schreiben, den Tisch schmücken und andere zum Essen einladen. So ist das Kind aktiv dabei und es ist viel wahrscheinlicher, dass es dann auch probiert, was es selbst mit zubereitet hat.

- Lassen Sie das Kind essen, bis es satt ist, und zwingen Sie es nicht, noch mehr zu essen. Sie können anbieten, das Essen aufzuheben, falls das Kind kurz darauf wieder hungrig wird. Halten Sie ihm nicht die hungrigen Kinder in Afrika vor. Damit machen Sie Ihrem Kind vielleicht ein schlechtes Gewissen, sonst erreichen Sie aber nichts.

- Kinder müssen manchmal bis zu zehnmal etwas probieren, um sich daran zu gewöhnen. Lassen Sie das Kind einen Bissen von einem Gericht nehmen, das es nicht mag. Probieren ist wichtig, aber zwingen Sie es nicht, mehr zu essen, das soll kein Machtkampf werden. Vermutlich möchte das Kind dann etwas anderes essen. Geben Sie ihm dann etwas Gesundes, kein weißes Toastbrot.

- Kochen Sie nicht zehn verschiedene Gerichte, um es allen recht zu machen. Es sollte nur ein Gericht für die ganze Familie geben.

FETT

Unser Körper braucht Fett, denn zum einen kann er nur so die wichtigen fettlöslichen Vitamine aufnehmen und zum anderen erhält er dadurch lebensnotwendige Fettsäuren. Doch Fett ist nicht gleich Fett.

Im alltäglichen Sprachgebrauch ist oft von gesunden und ungesunden Fetten die Rede. Mit „gesund" sind ein- oder mehrfach ungesättigte Fettsäuren gemeint. Ungesund hingegen sind gesättigte Fettsäuren und gehärtete Fette (Letztere enthalten Transfettsäuren).

UNGESUNDE FETTE

▶ GESÄTTIGTE FETTE

Gesättigte Fette stecken in fettem Fleisch und Fleischprodukten wie Salami und Würstchen. Aber auch in fettreichen Milchprodukten wie Butter, Margarine, Sahne, Käse und Vollmilch. Stark verarbeitete Lebensmittel und Fast Food wie Pommes frites, Hamburger, Pizza, frittiertes Hähnchen und Chips haben einen sehr hohen Gehalt an gesättigten Fettsäuren. Gesättigte Fettsäuren essen die meisten von uns mehr als genug. Ein hoher Konsum ist jedoch nicht gut für die Blutgefäße und kann zu Arteriosklerose und Herzinfarkt führen.

▶ GEHÄRTETE FETTE

Sogenannte gehärtete Fette entstehen, wenn flüssiges Öl in einen festen Zustand gebracht wird. Das ist eine gängige Praxis in der Lebensmittelindustrie, um Produkte haltbarer zu machen und zu verhindern, dass sie ranzig werden. Durch diesen Härtungsprozess entstehen Transfettsäuren. Es gibt auch natürliche Transfettsäuren, die in den Mägen von Wiederkäuern und in geringen Mengen auch in Fleisch und Milch vorkommen. Kuchen und Kekse, Plunder- und Schmalzgebäck, Donuts, Margarine, viele Süßigkeiten, Frittiertes, Mikrowellenpopcorn, Kartoffelchips und Trockenwaren wie Tütensuppen, Frühstücksflocken oder Kakaopulver enthalten gehärtete Fette. Schränken Sie den Verzehr der gesundheitsschädlichen Transfettsäuren stark ein: Transfettsäuren können sich ab einer gewissen Menge ungünstig auf die Blutfettwerte auswirken. Sie erhöhen das LDL-Cholesterin (das „schlechte" Cholesterin) im Blut und somit das Risiko für Herz-Kreislauf-Erkrankungen. Auf der Zutatenliste werden Transfette entweder als „Fett/Pflanzenöl/Pflanzenfett, gehärtet" oder „Fett/Pflanzenöl/Pflanzenfett, teilweise gehärtet" deklariert.

Durch den großen Diätwahn haben vielen Menschen geradezu Angst vor Fett bekommen und suchen krampfhaft nach fettreduzierten Produkten. Dabei ist Fett – gesundes Fett – ein wichtiger Nährstoff für den Körper, denn es enthält die lebensnotwendigen Fettsäuren. Anstelle von fettreduzierten Lebensmitteln sollten Sie auf Lebensmittel zurückgreifen, die von Natur aus fettarm sind. Achten Sie bereits beim Einkauf von Wurst, Käse und Milchprodukten auf den Fettgehalt. Probieren Sie doch einmal fettarmen Joghurt mit 1,5 % Fett und stellen Sie Ihr Salatdressing einfach selbst her. So sparen Sie leicht viel Fett, ohne auf Genuss verzichten zu müssen.

Gesättigte Fettsäuren und gehärtete Fette in gängigen Nahrungsmitteln

NAHRUNGSMITTEL	MENGE	GESÄTTIGTE FETTSÄUREN IN G	GEHÄRTETES FETT IN G
Pommes frites	147 g	7	8
Butter	1 EL	7	0
Kartoffelchips	1 kleine Tüte à 42 g	2	3
Donut	1 Stück	4,5	5
Schokolade (Vollmilch)	40 g	4	3

GESUNDES FETT

Gesunde Fettsäuren sind ein- oder mehrfach ungesättigte Fettsäuren. Einfach ungesättigte Fettsäuren stecken in Olivenöl, Nüssen und Avocados. Diese Fettsäuren senken das „böse" LDL-Cholesterin und fördern dadurch ein gesundes Herz-Kreislauf-System. Sojaöl, Walnüsse, Maisöl, Sonnenblumenöl und Fischöl enthalten mehrfach ungesättigte Fettsäuren (Omega-3-Fettsäuren und Omega-6-Fettsäuren). Der Körper benötigt sie alle, z.B. für die Regulation des Blutfettgehalts und zum Schutz von Blutgefäßen und Herz. Bedenken Sie aber, dass auch gesundes Fett sehr kalorienreich ist.

Wie wir unseren Konsum von ungesunden Fetten reduzieren können:

▶ Machen Sie Saucen und Salatdressings selbst! Verwenden Sie unterschiedliche pflanzliche Öle, z.B. Olivenöl, Rapsöl oder Sonnenblumenöl, und verzichten Sie auf den Zusatz von Sahne oder Mayonnaise. (siehe S.171)

▶ Essen Sie weniger Brotaufstriche, die gesättigte und gehärtete Fette enthalten, wie z.B. Nuss-Nougat-Cremes oder Wurst. Hummus und andere gesunde Pasten und Dips schmecken auch gut auf Brot (siehe S.186).

▶ Verwenden Sie zum Kochen pflanzliche Öle, die sich gut erhitzen lassen, wie z.B. Sonnenblumenöl, Rapsöl oder Maiskeimöl.

▶ Meiden Sie möglichst alle verarbeiteten Fleischprodukte wie Wurst, Wurst- und Fleischwaren.

▶ Wenn Sie Fleisch essen, entfernen Sie das sichtbare Fett.

▶ Essen Sie möglichst wenig Frittiertes wie Pommes frites und Kartoffelchips. Verzichten Sie nach Möglichkeit auf Paniertes, denn in der knusprigen Panade lauern wahre Fettseen. Auf S.165 finden Sie ein Rezept für „gesunde Pommes".

KONZENTRIEREN SIE SICH AUFS ESSEN

Die gemeinsame Mahlzeit ist Familienzeit. Sehen Sie dabei nicht fern, schreiben Sie keine SMS und surfen Sie nicht im Internet. Konzentrieren Sie sich aufs Essen, wo immer Sie auch sind. Das sollten wir unseren Kindern von Anfang an beibringen, indem wir selbst gute Vorbilder sind. Denn wenn wir uns während des Essens mit anderen Dingen beschäftigen, ist die Gefahr größer, dass wir über unseren Hunger hinaus essen.

DEN TELLER LEER ESSEN?

Früher hieß es immer „Iss deinen Teller leer!" In manchen von uns sitzt das so fest, dass wir es auch von unseren Kindern verlangen. Doch die Zeiten haben sich geändert. Da Kinder heute oft eher zu viel als zu wenig essen, ist diese Forderung kontraproduktiv. Geben Sie Ihren Kindern kleinere Portionen und dann lieber noch einen Nachschlag. Studien haben gezeigt, dass Kinder, die große Portionen vorgesetzt bekommen, 25 % mehr essen als Kinder, die selbst entscheiden, wie viel sie auf dem Teller haben wollen. Aber was, wenn sie nur ein paar Bissen essen und dann nichts mehr wollen, und wir sie auch nicht zum Aufessen drängen? Verlangen sie dann nicht eine halbe Stunde später schon wieder etwas zum Knabbern? Ich lasse die Teller mit den Resten vom Abendessen immer noch stehen und biete an, das Essen wieder aufzuwärmen, wenn die Kinder wieder hungrig werden. Auf diese Weise ums Essen herum zu kommen, versuchen sie nur einmal. Beim nächsten Mal essen sie sich lieber während der Abendbrotzeit satt, statt dasselbe Essen eine halbe Stunde später noch einmal vorgesetzt zu bekommen.

ZUCKER UND SÜSSUNGSMITTEL

Zucker ist ein viel diskutiertes und äußerst umstrittenes Thema. So mancher bezeichnet ihn sogar als Droge – denn je mehr wir davon essen, desto mehr verlangt der Körper auch danach. Der Verzehr von Zucker lässt den Blutzuckerspiegel kurzfristig ansteigen. Doch dieser Energieschub hält nicht lange an: Der Körper schüttet Insulin aus, um den Zucker in die Zellen einzuschleusen, der Blutzuckerspiegel sinkt dadurch ab, es kommt zu Heißhungerattacken. In jedem Fall wirken sich diese Schwankungen negativ auf unser Wohlbefinden aus, nicht zuletzt bei Kindern. In einem Punkt sind sich jedoch alle einig: Zucker – in all seinen Spielarten – ist nicht gut für uns. Daher ist es wichtig, den Zuckerkonsum so gering wie möglich zu halten. Ich verwende bei vielen Gerichten Agavendicksaft als Zuckeralternative. Agavendicksaft wird aus dem Saft von Agaven gewonnen und hat einen extrem niedrigen glykämischen Index; weißer Zucker geht fünfmal so schnell ins Blut. Wenn Sie Zucker durch Agavendicksaft ersetzen, ist das Verhältnis 2:1 (10 ml Zucker = 5 ml Agavendicksaft). Andere natürliche Süßungsmittel, die man Kindern geben darf, sind Xylit und Stevia. Künstliche Süßstoffe hingegen, die sich z. B. in Diätlimonaden und vielen Süßigkeiten finden, sollten Kinder auf keinen Fall zu sich nehmen. Das betrifft vor allem Aspartam, der als der schädlichste Stoff überhaupt gilt, der Lebensmitteln zugesetzt wird. Gerade Kinder im Wachstum sollten diese Stoffe meiden. Hoher Zuckerkonsum hemmt das Immunsystem und macht dadurch anfällig für alle möglichen Krankheiten. Wir sollten wirklich so wenig Zucker wie möglich verwenden und auf künstliche Süßungsmittel gänzlich verzichten.

HONIG

Honig ist schon seit Jahrhunderten ein wichtiges Nahrungs- und Heilmittel. Er enthält viele Nährstoffe, z. B. Proteine, Vitamin B_2, B_6, Niacin, Pantothensäure und Vitamin C, Calcium, Eisen, Magnesium, Phosphat, Kalium, Zink und Antioxidantien. Honig-Kohlenhydrate gehen deutlich langsamer ins Blut als Zucker-Kohlenhydrate und lassen den Blutzuckerspiegel im Gleichgewicht. Achten Sie darauf, Honig erster Güte zu kaufen, kaltgeschleudert und am besten in Bio-Qualität.

[39]

WIE WIR DIE ERNÄHRUNG UNSERER KINDER ZUCKERFREIER GESTALTEN KÖNNEN:

- ▸ Bieten Sie frisches oder getrocknetes Obst an, wenn das Kind unterzuckert wirkt.

- ▸ Geben Sie ihm statt zuckrigem Gebäck lieber ungesüßte Kekse oder Reiswaffeln.

- ▸ Sehen Sie nach, wie viel Zucker in den Cerealien steckt, die Sie morgens zum Frühstück bereitstellen. Gewöhnen Sie Ihr Kind an Haferflocken und gesundes Müsli mit groben Körnern (siehe S. 209).

- ▸ Kinder lieben Eis. Doch Eis enthält viel Zucker. Stellen Sie einfach Ihr eigenes, gesundes Eis her (siehe S. 212)

- ▸ Milchmischgetränke und andere Produkte aus Milch sind bei Kindern sehr beliebt, enthalten aber oft zugesetzten Zucker. Fruchtige Shakes lassen sich aber ganz leicht selbst herstellen: Verwenden Sie Obst der Saison, Trockenobst oder Nüsse, die Sie zusammen mit Naturjoghurt, Buttermilch oder Kefir im Mixer pürieren. Diese leckeren selbst gemixten Shakes sind eine gute Alternative zu süßen Milchgetränken (siehe S. 71).

- ▸ Backen Sie auch Müsliriegel selbst, mit allem, was Kindern schmeckt. Gekaufte Riegel enthalten meist viel Fett und Zucker (siehe S. 209).

- ▸ Seien Sie achtsam und lesen Sie die Zutatenlisten auf den Verpackungen. Es gibt diverse Arten von Zucker, und manchmal enthalten Produkte gleich mehrere Arten auf einmal, z. B. Maissirup, Honig, Invertzucker, Glucosesirup, Malzzucker und weißen Zucker.

[40]

EIN GESUNDHEITSBEWUSSTER LEBENSSTIL

BEWEGUNG

Studien haben gezeigt, dass es für Kinder besonders motivierend ist, ihre Eltern in Bewegung zu sehen. Nehmen Sie Ihr Kind einfach mal mit zum Training, damit es Sie auf dem Fußballplatz, auf der Laufbahn oder bei anderen Aktivitäten erleben kann. Nicht nur in Sachen Sport sind wir Eltern Vorbilder, sondern ganz generell beim Thema Bewegung. Die Kinder bekommen es mit, wenn wir statt des Aufzugs lieber die Treppe nehmen. Wir sollten sie auch in tägliche Arbeiten miteinbeziehen: Vielleicht haben sie Lust, nach dem Rasenmähen das Gras zusammenzuharken, uns beim Fensterputzen oder Autowaschen zu helfen und uns im Winter beim Schneeschippen zur Hand zu gehen. Dabei bewegen sie sich nicht nur, sondern lernen auch noch etwas. Solange das Wetter mitspielt und es draußen nicht zu dunkel ist, sollten Kinder immer zu Fuß zur Schule gehen. Dasselbe gilt für Sport und andere Freizeitaktivitäten, solange sie zu Fuß oder per Fahrrad zu erreichen sind. **Kinder müssen nicht so viel hin und her kutschiert werden, wie viele Eltern das gerne tun. Ein bisschen Bewegung ist besser als keine Bewegung – jegliche Bewegung zählt.**

Wir haben viele Möglichkeiten, unseren Kindern das Aktivsein schmackhaft zu machen: Wir können mit ihnen raus auf den Fußballplatz und ins Schwimmbad gehen oder wir können ihnen statt Computern und Computerspielen einen Ball, Torwarthandschuhe, ein Springseil oder Inlineskater zum Geburtstag schenken. Erzählen Sie Ihren Kindern, was Sie in ihrem Alter draußen gespielt haben. Helfen Sie ihnen, die Fahrräder in Schuss zu halten, und bauen Sie gemeinsam einen Schneemann. Wie wäre es, mal flotte Musik aufzulegen, über den eigenen Schatten zu springen und gemeinsam wild im Wohnzimmer herumzutanzen? Kinder finden nichts schöner als solche Momente mit ihren Eltern. Und die kosten überhaupt kein Geld.

GEMEINSAME ZEIT UND BEWEGUNG

In unserer schnelllebigen Welt nehmen wir uns oft nicht genügend Zeit, um in aller Ruhe beisammen zu sein. Das kenne ich mit unseren vier Kindern nur zu gut. Die Jüngsten bekommen in aller Regel die größte Aufmerksamkeit und die meiste Zeit. Da ist es schwierig, Raum zu finden, um mal nur mit den Größeren allein etwas zu unternehmen. Einmal habe ich mir fürs neue Jahr vorgenommen, täglich einen Abendspaziergang zu machen, wenn mein Mann von der Arbeit kam. Dann konnte er die Kinder hüten, während ich mir den Weihnachtsspeck abtrainierte. Meiner Tochter bot ich an, mich zu begleiten. Es war oft richtig kalt, aber wir haben uns einfach dick eingepackt und einen schönen Spaziergang durchs Viertel gemacht. Sie hat mir von der Schule und ihrem Tag erzählt, was ihre Freundin zum Geburtstag bekommen hatte, was sie gerade beim Training übten und alles Mögliche zwischen Himmel und Erde. Diese gemeinsame halbe Stunde wurde zu einer wertvollen Mutter-Tochter-Zeit – noch dazu verschafften wir uns so eine Extraportion Bewegung. Solche gemeinsamen Unternehmungen kann ich nur empfehlen. Mancherorts wird auch gemeinsames Yoga- oder Karatetraining für Eltern und Kinder angeboten.

Es heißt, dass sich Kinder im Alter von 6 bis 18 Jahren 60 Minuten am Tag bewegen sollen. Bewegen heißt in diesem Fall: mittelmäßig fordernde bis anstrengende Bewegung. Diese Stunde kann auch auf kleinere Einheiten von jeweils 10–15 Minuten über den Tag verteilt werden. **Mittelmäßig fordernde Bewegung ist zum Beispiel:** zu Fuß zur Schule gehen, mit mittlerer Geschwindigkeit auf Inlinern laufen, mit dem Hund spazieren gehen, Trampolin springen, in angenehmem Tempo schwimmen oder Rad fahren. **Anstrengende Bewegung ist:** Joggen, Bergsteigen, bergauf radeln, Schnee schippen, Skilanglauf, Fußball, Handball, Basketball, Squash, Zirkeltraining und Kampfsport. **Bewegung stärkt das Immunsystem und senkt das Risiko vieler chronischer Krankheiten. Sich viel zu bewegen hilft nicht nur, Krankheiten vorzubeugen oder in Schach zu halten, sondern steigert auch das Wohlbefinden und die Lebensqualität.**

TREIBEN SIE SPORT!

Kinder brauchen oft ein bisschen, um herauszufinden, welcher Sport zu ihnen passt. Zum Glück bieten die meisten Sportvereine die Möglichkeit an, ein paar Stunden zu schnuppern, bevor man dem Verein beitreten und Beiträge zahlen muss. Es ist wichtig, dass das Kind die Sportart wirklich mag. Aber klar: Aller Anfang ist bekanntlich schwer. Der beste Ansporn ist es da meist, gemeinsam mit einer Freundin oder einem Freund einen neuen Sport auszuprobieren.

COMPUTER & CO. UND DER KAMPF UM DIE AUFMERKSAMKEIT

Einer Tatsache müssen wir ins Auge sehen: Kinder verbringen heute generell zu viel Zeit vor Computer und Fernseher. Experten auf dem Gebiet der kindlichen Entwicklung empfehlen höchstens zwei Stunden PC- und Fernsehkonsum am Tag. Ich persönlich finde, dass im Hochsommer wesentlich weniger Zeit vor dem Bildschirm verbracht werden sollte. Planen Sie lieber mehr Zeit für das Spielen im Freien ein, fangen Sie die Sonnentage ein und reservieren Sie diese wertvolle Jahreszeit am besten voll und ganz für Bewegung und Spiel im Freien.

Beim Kampf ums Draußen- oder Drinnensein spielen Computer & Co. oft eine entscheidende Rolle. Viele Kinder haben alle möglichen technischen Geräte: Handys, mit denen sie nicht nur telefonieren, sondern auch spielen und Nachrichten verschicken, kleine Spielcomputer wie Nintendo, größere Spielcomputer wie Playstation und Konsorten, und noch dazu Computer und Fernsehen. Zu Hause müssen die Familienmitglieder regelrecht um echte Aufmerksamkeit der anderen kämpfen. Denn nicht genug, dass die Eltern viel arbeiten; obwohl zu Hause, sind doch alle irgendwie „abwesend", sobald sie an all den Geräten sitzen. Dieses Aneinander-vorbei-Leben tut niemandem gut. Es ist an uns Eltern, dem Gerätekonsum Grenzen zu setzen, denn sonst ist die Gefahr groß, dass alle mehr oder weniger vor Computer und Fernseher hängenbleiben. Und das bedeutet dann: Bewegung gleich null und wenig Interaktion.

Doch es reicht nicht, den Kindern Regeln und Verbote aufzudrücken. Kinder wollen Zeit mit ihren Eltern verbringen. Viele Eltern jedoch können noch nicht einmal am Feierabend das Handy (wenigstens das dienstliche) und das Notebook links liegen lassen. Da hilft nur eine Sperrstunde, zum Beispiel von 17 bis 21 Uhr bzw. vom Nachhausekommen bis die Kinder ins Bett gehen. Überlegen Sie mal, wie viel Zeit die Kinder insgesamt vor ihren Geräten verbringen und sprechen Sie mit Partner und Kindern darüber. Handeln Sie dann gemeinsam Regeln aus, deren Einhaltung für alle realistisch ist. Auch hier haben Sie Vorbildfunktion für Ihre Kinder. Setzen Sie Computer und Fernsehen auf keinen Fall als Babysitter für die Kleinen ein.

Viele Eltern klagen über zu hohe Handy- und Telefonrechnungen. Kein Wunder, schließlich rufen sich die Kinder ständig untereinander an, um zu fragen, ob dieser oder jener Zeit zum Spielen hat. Schlagen Sie Ihren Kindern vor, lieber bei ihren Freunden klingeln zu gehen und vor Ort nach ihnen zu fragen. Das senkt die Telefonrechnung – und bringt die Kinder in Bewegung.

Wir sollten unseren Kindern erklären, warum Bewegung gut ist, und nicht nur sagen, dass es gesund ist, sich zu bewegen. Kinder sind von Natur aus wissbegierig und wollen immer wissen, warum etwas so und nicht anders ist. Nutzen Sie diese Chance und nennen Sie ihnen alle positiven Effekte von Bewegung.

KINDER MIT ÜBERGEWICHT – BEWEGUNG ZU HAUSE

Wie viele Kalorien verbrennen Kinder im normalen Alltag? Wenn Kinder Übergewicht haben, müssen die Eltern über diese Frage nachdenken. Vor dem Computer oder Fernseher sitzend verbrennen wir nahezu genauso wenige Kalorien wie im Schlaf. Bei einem 27 kg schweren Kind sind das ca. 27 Kalorien. Dagegen verbrennt es 68 Kalorien, wenn es sein Zimmer aufräumt oder die Küche in Ordnung bringt. Jede Art von Bewegung zu Hause ist also ein Plus fürs Kind. Noch effektiver sind natürlich Tätigkeiten im Freien: Dasselbe Kind verbrennt 117 Kalorien beim Rasenmähen und 163 Kalorien beim Schneeschippen, 218 Kalorien beim Radeln durchs Viertel und 272 beim Seilspringen.

IHRE WORTE SIND WICHTIG

Wenn Sie möchten, dass Ihr Kind ein gesundes Verhältnis zu seinem Körper hat, müssen auch Sie ein intaktes Verhältnis zu Ihrem Körper haben. Lassen Sie Ihr Kind nicht hören, wie Sie Ihren Körper kritisieren oder übers Abnehmen sprechen. Der Hauptgrund dafür, dass Sie auf Bewegung und gesundes Essen achten, darf nicht das Abnehmen sein, sondern ein gesunder Körper. Ihre Worte sind extrem wichtig, denn Kinder nehmen sehr ernst, was ihre Eltern sagen – auch wenn uns das nicht immer bewusst ist. Reden Sie nicht nur davon, wie toll es ist, sich zu bewegen und richtig zu essen, sondern erzählen Sie auch, welchen Effekt das hat: dass Sie sich fit und stark fühlen, dass es Ihnen gut tut und Sie glücklich macht. Wie Sigríður Klingenberg so schön sagt: „Worte sind Magie".

EINIGE POSITIVE EFFEKTE VON BEWEGUNG:

► Das Herz pumpt mehr sauerstoffreiches Blut durch die Adern. Das gibt **mehr Kraft.**

► **Stärkere Knochen und Muskeln;** sehr wichtig für Kinder im Wachstum.

► Bewegung hat einen **positiven Einfluss auf Stimmungsschwankungen.**

► **Mehr Selbstvertrauen.** In einem starken, trainierten Körper fühlen wir uns wohl, das stärkt das Selbstvertrauen.

► **Besserer Schlaf.** Untersuchungen haben gezeigt, dass Sporttreibende besser einschlafen und auch generell besser schlafen als Menschen, die sich nur wenig bewegen.

► **Weniger Krankheiten.** Training stärkt das Immunsystem.

► **Besseres Gedächtnis.** Studien haben gezeigt, dass körperliche Ertüchtigung die Bildung neuer Gehirnzellen (insbesondere von sogenannten Gedächtniszellen) beeinflusst.

► **Sorgt für ein gesünderes Körpergewicht und mindert somit die Gefahr von Krankheiten, die durch Übergewicht entstehen.**

SALZ

Kinder nehmen in der Regel zu viel Salz zu sich. Denn viele Lebensmittel enthalten viel mehr Salz, als man vermuten würde. Zu hoher Salzkonsum belastet die Nieren. Außerdem kann er den Blutdruck steigen lassen und damit das Risiko erhöhen, im fortgeschrittenen Alter an Herzleiden zu erkranken. Menschen mit hohem Blutdruck sollten ihren Salzkonsum deutlich einschränken. Ernährungswissenschaftler raten dazu, dass Kinder zwischen 4–8 Jahren höchstens 300–600 mg Salz pro Tag zu sich nehmen sollten. Das entspricht ¼ Teelöffel. Zum Vergleich: Eine Portion Fertigsuppe aus der Dose enthält im Schnitt ½ Teelöffel Salz, also bereits die doppelte Tagesration für die oben genannte Altersgruppe.

VERSCHIEDENE SALZSORTEN

Das gängigste Tafelsalz wird in Salzminen gewonnen und besteht aus meist sehr fein gemahlenem Natriumchlorid, enthält aber auch Spuren von anderen Stoffen, z. B. Kaliumjodid und Mittel, die verhindern, dass das Salz klumpt. Meersalz hingegen enthält keine Zusatzstoffe und ist meist grobkörnig. Viele sagen, dass es besser schmeckt als normales Speisesalz. Himalayasalz soll 80 verschiedene Mineralien sowie Eisen enthalten und dementsprechend gesünder sein als gewöhnliches Tafelsalz.

WIE MAN SALZ IM ESSEN REDUZIERT:

► Achten Sie darauf, wie viel Salz Fertigprodukte enthalten, die Sie kaufen. Nahezu überall ist Salz drin, und zwar in großen Mengen, u. a. in Cerealien, Erdnussbutter und anderen bei Kindern beliebten Nahrungsmitteln. 120 mg Salz auf 100 g sind akzeptabel.

► Gewöhnen Sie sich ab, das Essen nachzusalzen, bevor Sie es überhaupt probiert haben. Am besten steht gar kein Salzstreuer auf dem Esstisch.

► Verwenden Sie statt Salz lieber Kräuter und andere Gewürze, z. B. Senf, Zwiebeln, Zitronensaft oder Ingwer.

► Kinder lieben Hamburger, Chicken Nuggets, Pizza und Pommes frites, doch Fast Food ist meist stark gesalzen. Machen Sie Pizza und Pommes lieber selbst!

► Auch Pastasaucen und Suppen sollten Sie lieber selbst kochen.

LAKTOSEINTOLERANZ

Wenn Menschen Milchzucker (Laktose) nicht verdauen können, spricht man von Laktoseintoleranz. Ursache ist ein Mangel an Laktase, dem Enzym, das den Milchzucker zersetzt. Fehlt dieses Enzym, gelangt der Milchzucker unverdaut in den Dickdarm. Dort gärt er und verursacht Unwohlsein. Wie viel (oder wenig) Laktose vertragen wird, ist von Mensch zu Mensch unterschiedlich, und nicht immer muss komplett auf Milchprodukte verzichtet werden. Um herauszufinden, was und wie viel die betroffene Person verträgt, sollte sie zwei Wochen lang auf alle Milchprodukte verzichten, um dann ein Milchprodukt nach dem anderen auszuprobieren. Gesäuerte Milchprodukte enthalten weniger Milchzucker als reine Milch, da dieser beim Herstellungsprozess von Bakterien zersetzt wird. Auch bestimmte Käsesorten, vor allem Hartkäse, sind bei Laktoseintoleranz verträglicher, weil der Milchzucker während des Reifungsprozesses abgebaut wurde.

KUHMILCHALLERGIE

Wer unter einer Kuhmilchallergie leidet, reagiert allergisch auf die Proteine, die Milch und Milchprodukte enthalten. Daher sind bei einer Kuhmilchallergie jegliche Milchprodukte tabu, von Milch über Joghurt bis hin zu Butter. Auch andere Lebensmittel können Milchproteine enthalten, die z. B. in Form von Magermilchpulver oder Casein zugesetzt wurden.

MONONATRIUMGLUTAMAT

Mononatriumglutamat (MNG) ist ein Lebensmittelzusatzstoff, der den Geschmack von anderen Inhaltsstoffen verstärkt. Manche Menschen vertragen kein MNG und sollten dementsprechend solche Lebensmittel meiden. MNG wird häufig Fleischprodukten, Fertiggerichten, Salatsaucen, anderen Fertigsaucen und Knabberzeug wie Chips & Co. zugesetzt.

Mononatriumglutamat (eine andere Bezeichnung ist Natriumglutamat, oder auf Englisch monosodium glutamate, MSG) hat die E-Nummer E 621.

Wer MNG nicht verträgt, sollte aber auch verwandte Stoffe meiden. Das betrifft Glutaminsäure und ihre Salze, denen die E-Nummern E 620 bis E 625 zugeordnet sind. Konkret sind das:

- ► E 620 Glutaminsäure
- ► E 621 Mononatriumglutamat (MNG)
- ► E 622 Monokaliumglutamat
- ► E 623 Calciumdiglutamat
- ► E 624 Monoammoniumglutamat
- ► E 625 Magnesiumdiglutamat

Auch diese Stoffe sind Geschmacksverstärker und für die meisten Lebensmittel zugelassen.

GESUNDE ALTERNATIVEN ZU POMMES & CO.

STATT ...	LIEBER ...
frittierten Pommes frites	gebackene Kartoffeln, „Pommes frites" aus dünn geschnittenen (Süß-)Kartoffeln oder Rüben, die im Ofen gebacken werden
Sahneeis, Wassereis (mit viel Zucker und Farbstoffen)	gefrorenes Obst mit ein bisschen Wasser, in der Küchenmaschine zerkleinert. Wassereis aus 100%igem Saft oder hausgemachtes Eis aus Kokosmilch und frischem Obst
fettigem Mikrowellenpopcorn	selbst gemachtes Popcorn mit gutem Öl und einer Prise Meersalz
gezuckertem Saft	100%iger Fruchtsaft ohne Zucker und sonstige Zusätze, am besten als Schorle, oder einfach Leitungswasser
weißem Brot	Vollkornbrot oder Knäckebrot
Vollmilchschokolade	dunkle Schokolade (Kakaoanteil 70 %)
Limonaden	Sprudelwasser, evtl. mit einem Schuss Saft als Schorle und ein paar tiefgekühlten Früchten zur Deko
weißem Reis	brauner Reis (Naturreis), Gerstenkörner, Quinoa
weißer Pasta	Vollkorn- oder Dinkelnudeln
fertigem Ketchup	selbst gemachtes Ketchup oder eine zuckerfreie gekaufte Alternative

ERNÄHRUNGSUMSTELLUNG IN DER PRAXIS

Durch meine vier Kinder habe ich jede Menge Erfahrungen mit gesundem Essen für die Kleinen gesammelt. Wenn Sie vorhaben, ihre Ernährung umzustellen, dann sollte das langsam und behutsam, Schritt für Schritt erfolgen. Nehmen Sie sich nicht vor, das von einem Tag auf den anderen durchzuziehen. Wenn Kinder beispielsweise viel Zucker gewohnt sind, verlangt der Körper regelrecht danach. Kinder haben Veränderungen ohnehin nicht so gern; am liebsten bleiben sie bei dem, was sie kennen und mögen. Sie würden nie freiwillig mit einem Mal auf alles verzichten, was sie normalerweise gern essen. „Wir essen ab sofort nur noch Gesundes" klingt für sie nach einer schrecklichen Drohung.

Ketchup ist etwas, das Kinder meist gern zu allen möglichen Gerichten essen. Doch haben Sie mal nachgesehen, was diese Supermarktketchups alles enthalten? Sie bestehen zu einem Großteil aus weißem Zucker, auch wenn auf dem Etikett saftige Tomaten abgebildet sind. Zum Glück ist es so einfach, Ketchup selbst herzustellen (siehe S. 168). Für die Kinder ist es spannend, dabei mitzuhelfen — und hinterher sind sie mächtig stolz, ihr eigenes Ketchup gekocht zu haben. Versuchen Sie, die Veränderung auf diese Weise langsam einzuführen: Tauschen Sie eine Zutat nach der anderen aus, wie zum Beispiel das Ketchup. Sollte die hausgemachte Variante nicht ankommen, süßen Sie sie zunächst mit ein bisschen Agavendicksaft oder Honig und reduzieren Sie die Menge nach und nach.

Wenn die Kinder nur weißes Brot gewohnt sind, dann sollten Sie behutsam auf Vollkornbrot umsteigen. Backen oder kaufen Sie für den Anfang Brot, das nur ein bisschen gröber ist als das gewohnte, und steigern Sie langsam den Körnungsgrad. Auch das Kinderauge isst mit — wie Essen aussieht, spielt für Kinder eine große Rolle. Große Bissen mögen sie meist nicht, schneiden Sie daher z. B. das Gemüse für Gemüsegerichte lieber feiner. Kinder haben ja auch deutlich kleinere Münder als Erwachsene, da sind große Bissen noch größer. Manchmal kann es auch gut sein, das Gemüse einfach zu pürieren, wie in der Suppe auf S. 90. Wo wir schon beim Thema Optik sind: Ich habe die Erfahrung gemacht, dass es zwecklos ist, Kindern braune Linsen vorzusetzen. Als ich meinen Kindern ein solches Gericht auftischen wollte, haben sie die Gesichter verzogen. Da habe ich statt brauner Linsen einfach rote genommen — und schon war die Sache gegessen. Ob es nun daran liegt, dass braune Linsen so fleischig-breiig aussehen oder an etwas anderem — man muss sich einfach herantasten. Was ich auch noch lebhaft vor mir sehe, sind die Gesichter, die die Kleinen machten, als ich zum ersten Mal anstelle von normalen Spaghetti Dinkel- oder Vollkornnudeln kochte. Beim nächsten Mal habe ich die Sorten gemischt. Inzwischen ist es den Kindern völlig egal, welche Farbe die Spaghetti haben.

Kinder mögen rohes Gemüse oft lieber als gekochtes. Man kann es nicht oft genug sagen: Wenn wir Erwachsenen schön fleißig Obst und Gemüse klein schneiden und den Kindern hinstellen, essen sie in aller Regel gut davon. Es sollte einfach immer bereitstehen, wann immer sie Lust auf einen kleinen Snack zwischendurch haben. Schneiden Sie Gurken und Karotten in Stangen, Äpfel und Orangen in Schnitze — die Kleinen werden diese Leckereien sofort verputzen. Und das ist so viel besser als Kekse! Noch ein Tipp: Wenn es zum Essen Salat geben soll, dann mischen Sie nicht schon alles zusammen, sondern reichen Sie das Gemüse auf separaten Tellern. Gemischter Salat hat manchmal eine abschreckende Wirkung auf Kinder, aber wenn sie sich das Gemüse selbst zusammensuchen und knabbern können, ist die Welt in Ordnung. Gerade wenn man die Kinder daran gewöhnen will, zu jeder Mahlzeit Gemüse zu essen und alle möglichen Gemüsesorten zu probieren, kann das sehr hilfreich sein.

NICHT ESSEN UM DES ESSENS WILLEN

In Gesellschaften, in denen niemand hungern muss, geht es beim Thema Essen nicht nur ums Sattwerden. Unsere Kinder müssen lernen, zu essen, wenn sie Hunger haben und aufzuhören, wenn sie satt sind. Das klingt erst mal einfach, doch es besteht immer die Gefahr, dass das Essen zum Zeitvertreib wird oder dass wir aus Langeweile naschen oder weil es uns gerade nicht so gut geht.

NAHRUNG GIBT KRAFT

Erklären Sie den Kindern, dass es zwei Arten von Nahrung gibt: Einerseits solche, die uns nährt und die nötige Kraft zum Wachsen und Gedeihen gibt, und andererseits „leere" Nahrung, die zwar gut schmeckt, aber keinen Nährwert hat. Sagen Sie ihnen, dass es völlig in Ordnung ist, beides zu essen – doch auf das richtige Verhältnis kommt es an.

ESSEN UND GEFÜHLE

Nutzen Sie Essen nicht als Belohnung für das Kind. Wenn Sie ein Kind mit Essen belohnen, verknüpfen Sie das Essen mit bestimmten Gefühlen. Und Sie wollen doch nicht, dass Ihr Kind zukünftig Essen braucht, um sich Glücksmomente verschaffen zu können. Denken Sie sich als Belohnung lieber eine gemeinsame Unternehmung aus.

WIR ELTERN TRAGEN DIE VERANTWORTUNG

Ich muss zugeben, dass ich immer wieder Angst davor hatte, die „blöde Mama" zu sein, weil ich diverse ungesunde Leckereien nicht kaufe, die den Kindern durch die Werbung so schmackhaft gemacht werden. Dann heißt es, dass ALLE ihre Freunde IMMER so etwas bekommen. Ich habe beschlossen, das auf mich zu nehmen. Meiner Meinung nach tragen wir Eltern die Verantwortung dafür, was unsere Kinder essen. Die Kinder wissen nicht, was gut für sie ist, daher liegt es an uns, sie gesund zu ernähren. Im Fernsehen habe ich mal eine Sendung über einen vierjährigen übergewichtigen Jungen gesehen. Als seine Mutter gefragt wurde, warum ihr Kind so dick sei, antwortete sie: „Ich kann nichts dagegen tun. Er will immer Bacon und Pfannkuchen zum Frühstück."

WIR ELTERN TRAGEN DIE VERANTWORTUNG

❋ NEHMEN SIE PROVIANT MIT! ❋

Obwohl es mir zu Hause gelingt, gesund zu kochen, stehe ich oft genug vor dem Dilemma, etwas Ungesundes kaufen zu müssen, wenn wir für kürzere oder längere Zeit unterwegs sind. Es ist leider in der Tat viel schwieriger, auf Reisen gesundes als ungesundes Essen zu kaufen. Zwischen all den Süßigkeiten und Donuts findet man an der Tankstelle vielleicht einen einsamen Apfel. Da ist die Versuchung natürlich groß, zu Ersterem zu greifen. Besser ist es, schon im Voraus zu planen und Proviant dabei zu haben, falls die Kinder plötzlich hungrig werden. Das muss gar nicht kompliziert und aufwändig sein. Nehmen Sie einfach ein bisschen Obst, eine Tüte Nüsse, eine Flasche reinen Saft oder Wasser mit. Wir können natürlich nicht immer einen vollen Picknickkorb im Kofferraum haben, aber denken Sie ab und zu mal daran. Das ist gesünder – und spart auch noch Geld.

FRÜHSTÜCK

- Haferbrei mit Heidelbeeren
- Eier
- Joghurt für Schleckermäuler mit Obst und Müsli
- Wunderbarer Frühstücksbrei mit Hanfmilch und Goji-Beeren
- Wasser
- Omega-Fettsäuren – unentbehrlich für gesundes Wachstum
- Gesunde Knabbereien

Haferbrei mit Heidelbeeren

FÜR 2 PERSONEN

60 g kernige **Haferflocken**
10 **Heidelbeeren** (frisch oder tiefgekühlt)
ggf. 1–2 EL **Milch oder Saft**

1. Die Haferflocken mit 400 ml Wasser in einen Topf geben und unter Rühren aufkochen. Nach etwa einer Minute ist der Brei fertig.

2. Den warmen Brei auf zwei Schüsseln verteilen und mit den Heidelbeeren garnieren. Falls Sie gefrorene Heidelbeeren verwenden, warten Sie zwei Minuten, bis die Beeren aufgetaut sind.

3. Wenn Sie möchten, können Sie vor dem Servieren noch 1–2 EL Milch über den Brei gießen. Ebenfalls lecker ist selbst gemachter Saft (siehe Beerensaft S. 152).

Eier

Eier sind ein wunderbares Nahrungsmittel. Sie enthalten eine Art Super-Protein, das alle Aminosäuren* in sich trägt, die der Körper braucht. Eier sind nicht teuer, vielseitig und leicht zuzubereiten, z. B. gekocht, als Rühr- oder Spiegelei. Es gibt also keine Ausrede, keine Eier zu essen. Am besten kaufen und essen Sie Bio-Eier (bei Bio-Eiern beginnt der Code auf dem Ei mit einer 0). Bei Eiern aus ökologischer Landwirtschaft wird besonders auf artgerechte Tierhaltung geachtet. Außerdem werden die Hennen mit ökologisch erzeugtem Futter ohne gentechnische Veränderungen gefüttert. Freilandhühner (der Code auf dem Ei beginnt mit einer 1) werden meist in Bodenhaltung gehalten, haben aber Zugang ins Freie.

*Aminosäuren sind die Bausteine der Proteine, die wiederum der wichtigste Baustoff des menschlichen Körpers sind.

In vielen Joghurts und anderen Milchprodukten steckt genauso viel Zucker wie in Süßigkeiten. Das muss ich meinen Kindern immer wieder erklären, wenn ich mich weigere, solche Produkte zu kaufen. Dieser Joghurt, mit Obst und ein bisschen Müsli aufgepeppt, ist eine gute Alternative zu gekauften Fruchtjoghurts: Er schmeckt den Kindern und enthält viele wertvolle Zutaten.

Joghurt für Schleckermäuler mit Obst und Müsli

FÜR 1 PERSON

3 tiefgekühlte **Erdbeeren** (alternativ eine Handvoll Heidelbeeren oder Himbeeren)
½–1 TL **Agavendicksaft** oder 1–2 TL Akazienhonig
1 kleiner Becher **Joghurt** oder Quark (125 g)
2 TL **Müsli** (siehe „Müsliriegel mit Cranberrys und Pistazien (auch als Müsli geeignet)" auf S. 209)

1. Erdbeeren aus dem Eisfach holen und antauen lassen.
2. Den Agavendicksaft in den Joghurt einrühren.
3. Die Erdbeeren in vier Stücke schneiden, am besten in noch leicht gefrorenem Zustand. Falls sie zu hart sein sollten, noch ein paar Minuten liegen lassen.
4. Die Erdbeeren in ein Glas oder eine Müslischale füllen. Den gesüßten Joghurt darübergießen. Zuletzt mit Müsli bestreuen.

Goji-Beeren sind relativ zäh und haben einen speziellen Geschmack, der nicht jedermanns Sache ist. Mir schmecken sie am besten, wenn ich sie in Wasser eingeweicht habe. Dann sind sie auch nicht mehr so zäh. Beeren gibt es getrocknet in kleinen Tüten zu kaufen.

Chia-Samen zählen ebenso wie die Goji-Beeren zu den sogenannten „Superfoods". Darunter werden Lebensmittel zusammengefasst, die besonders gesundheitsfördernd sein sollen. Chia-Samen sind extrem reich an Omega-3-Fettsäuren und Antioxidantien. Sie haben einen hohen Proteingehalt und sind gut für die Verdauung. Zudem sind sie reich an Calcium, Eisen, Magnesium und Zink. Man kann auch prima Smoothies damit anreichern.

Frühstücksbrei mit Hanfmilch und Goji-Beeren

Dieser Brei muss zwar nicht gekocht, dafür aber bereits am Vorabend zubereitet werden. Haben Sie früher auch Haferflocken mit dunklem Kakaopulver gegessen? Dieser Brei erinnert ein wenig an Kakaobrei und schmeckt auch Kindern und Erwachsenen, die normalen Haferbrei nicht so gern mögen.

FÜR 1 PERSON

15 g **kernige Haferflocken**

100 ml **Hanfmilch** (alternativ die Pflanzen- oder Tiermilch, die Sie normalerweise trinken)

1 TL **Goji-Beeren** (alternativ tiefgekühlte Heidelbeeren)

ggf. 1 TL geschrotete **Leinsamen** oder 1–2 TL **Chia-Samen**

1. Haferflocken, Hanfmilch und Goji-Beeren in eine Schale geben und gut umrühren. Mit Frischhaltefolie abdecken und über Nacht in den Kühlschrank stellen.

2. Am nächsten Morgen können Sie noch Lein- oder Chia-Samen über den Brei streuen. (Chia-Samen sind fein wie Sand. Sobald sie mit Flüssigkeit in Berührung kommen, saugen sie sich voll und werden weich und gelartig – ähnlich wie Leinsamen. Je nachdem, welche Konsistenz Sie am liebsten mögen, können Sie die Samen auch schon am Vorabend in den Brei geben.)

Wasser

Beginnen Sie Ihren Tag mit einem Glas Wasser! Der menschliche Körper besteht zu 70 % aus Wasser, das Gehirn sogar zu 75 %. Die Aufgabe des Wassers ist es, die Abfallprodukte, die beim Stoffwechsel anfallen, mit dem Urin aus dem Körper zu spülen. Außerdem reinigt Wasser den Darm.
Trinken Sie ein bis zwei Gläser lauwarmes Wasser, bevor Sie morgens frühstücken. Damit bringen Sie den Wasserhaushalt Ihres Körpers auf Vordermann und fühlen sich den Tag über besser. Wenn Sie mögen, geben Sie einen Schuss Zitronensaft in das Wasser – das ist gut für die Leber.

Zum Thema Wasser hat jeder andere Ratschläge und Theorien parat. Der Autor des Buchs *You are what you eat*, Dr. Gillian McKeith, empfiehlt beispielsweise, Wasser nicht zum Essen zu trinken, sondern eine halbe Stunde vor und nach den Mahlzeiten. Wird zum Essen getrunken, vermindere sich die Konzentration an Verdauungsenzymen im Darm und die Nährstoffe würden dann langsamer aufgenommen.
Wasser ist das mit Abstand beste Getränk für den Menschen. Das vergessen wir manchmal – wahrscheinlich weil wir das große Glück haben, dass reines und gutes Wasser bei uns jederzeit verfügbar ist.

Omega-Fettsäuren

Immer wieder hören wir, wie wichtig Omega-Fettsäuren sind. Doch warum überhaupt? Omega-Fettsäuren sind lebensnotwendig für unseren Körper. Es gibt Omega-3-Fettsäuren, Omega-6-Fettsäuren und Omega-9-Fettsäuren. Sie alle tun unserem Körper gut, am wichtigsten aber ist, dass wir ausreichend Omega-3-Fettsäuren zu uns nehmen. Studien belegen die positive gesundheitsschützende Wirkung der Omega-3-Fettsäuren auf Herz und Blutgefäße.

Fisch, vor allem Lachs, Hering, Thunfisch oder Makrele und Fischprodukte, sind natürlicherweise reich an Omega-3-Fettsäuren. Mit zwei Fischmahlzeiten pro Woche decken Sie den Bedarf. Mögen Kinder keinen Fisch, vertragen ihn nicht oder essen zu wenig davon, verwenden Sie Leinöl, Walnussöl für Salatdressings oder Rapsöl zum Braten.

Untersuchungen haben gezeigt, dass Kinder mit niedrigem Omega-3-Spiegel eher unter Hyperaktivität, Lernschwierigkeiten und Verhaltensauffälligkeiten leiden. Auch mit Legasthenie, Depressionen, Übergewicht, Herzleiden, Allergien, Gicht, erhöhter Gewaltbereitschaft, Gedächtnisstörungen, Krebs, Ekzemen und Diabetes ist Omega-3-Mangel in Verbindung gebracht worden.

Gesunde Knabbereien

Kinder sollten ihren Vitaminbedarf über nährstoffreiche Nahrung decken und keine Vitaminpräparate zu sich zu nehmen. Doch was tun, wenn bei Kindern ein Vitaminmangel festgestellt wird? Ein guter Arzt hat uns einmal für Sigmar diese gesunde Knabbermischung hier empfohlen – die reinste Vitaminbombe.

> Goji-Beeren,
> Kokosflocken,
> Kürbiskerne und
> Kakaobohnenstückchen

Halten wir die Augen offen für das, was die Natur zu bieten hat. Wenn wir es in möglichst reiner, natürlicher Form zu uns nehmen, sind wir mit den meisten Vitaminen, Mineralstoffen, Fettsäuren und Proteinen versorgt, die unser Körper braucht.

- ▶ **Kürbiskerne** sind voller guter Inhaltsstoffe, z. B. ungesättigte Fettsäuren (Omega-3-Fettsäuren), Vitamin B1, B2 und B6, Vitamin E, Beta-Carotin, Zink, Eisen und Selen.

- ▶ **Goji-Beeren** enthalten antioxidative Pflanzenstoffe, die schnell und effektiv die Zellen stärken und damit auch das Immunsystem. Ihr Vitamin-C-Gehalt ist um ein Mehrfaches höher als der von Apfelsinen, außerdem enthalten sie reichlich Beta-Carotin, Vitamin E sowie Aminosäuren und diverse Mineralstoffe, u. a. Zink, Eisen, Kupfer, Calcium, Selen und Phosphat.

- ▶ **Kakaobohnenstückchen** (auch Kakaonibs genannt) haben einen kräftigen Geschmack. Da es sich aber um kleine Stückchen handelt, kann man sie gut ins Essen oder in Getränke mischen. Kakaobohnen enthalten reichlich Antioxidantien, ungesättigte Fettsäuren (Omega-3-Fettsäuren), Beta-Carotin und eine Reihe von Mineralstoffen, wie z. B. Calcium, Zink, Eisen und Magnesium.

- ▶ **Kokosflocken** haben einen hohen Energie- und Fettgehalt. Sie enthalten zudem viele wertvolle Inhaltsstoffe, wie z. B. , Eisen, Zink und Mangan.

GETRÄNKE

- Pinker Ingwer-Cranberry-Saft
- Piña Colada
- Mamashake
- Kindershake
- Gehaltvolle Säfte und gesundes Eis
    - Slush
    - Einer für alle: Karotten-Apfel-Saft
    - Erfrischend anders: Saft mit Karotte, Apfel, Roter Bete und Ingwer
- Stimmungsmacher mit Sellerie, Ananas und Ingwer
- Liebestrunk mit Apfel, Mango und Passionsfrucht
- Grüner Tee mit Zitrone, Ingwer und Honig
- Saubermacher: Pfefferminztee mit Zitrusfrüchten und Cranberry

Pinker Ingwer-Cranberry-Saft

FÜR 3–4 GLÄSER

ca. 30 g frischer **Ingwer**
(je nach Geschmack
auch ein bisschen mehr)

900 ml **Cranberrysaft**

½ **Limette**

Eiswürfel zum Servieren

Zubereitung

1. Den Ingwer schälen und in vier Stücke schneiden. Drei Ingwerstücke mit 100 ml Wasser in einem kleinen Topf aufkochen. Kurz abkühlen lassen.

2. Das vierte Ingwerstück raspeln (sollte mindestens 1 TL ergeben; wer es gern kräftig mag, kann auch 2 oder mehr TL geriebenen Ingwer nehmen) und mit dem Cranberrysaft in einen Krug geben. Gut umrühren. Die Limette hineinpressen.

3. Mit einem Löffel die Ingwerstücke aus dem Ingwersud fischen. Den Sud zum Cranberrysaft in den Krug gießen. Gut umrühren und abkühlen lassen.

4. Mit reichlich Eiswürfeln eiskalt servieren.

Cranberrysaft ist ein ausgezeichnetes Hilfsmittel, um bakteriellen Magen-Darm-Infekten vorzubeugen und Blasenentzündungen zu heilen. **Ingwer** kurbelt die Verdauung an und hilft bei Koliken, schmerzhaften Blähungen, Verdauungsstörungen und Krämpfen. Auch bei Kopfschmerzen, Schwellungen und Gichtschmerzen, Nierenleiden, Halsschmerzen, Husten und Erkältungen wirkt Ingwer Wunder.

Piña Colada

FÜR 2 PERSONEN

200 ml Kokosmilch
400 ml Mandelmilch
1 Tasse gefrorene Ananas (in Stücken)
1 Tasse gefrorene Mango (in Stücken)
1 Banane
1 EL Kokosöl
2 EL Kokosflocken

Lust auf ein bisschen Karibik? Dann mixen Sie sich einfach diesen Shake, machen es sich auf der Couch gemütlich und schließen die Augen … Dieser frische Cocktail enthält lauter wertvolle Zutaten und schmeckt auch Kindern gut!

Mamashake
mit Hanfmilch, Obst und Eiweiß

FÜR 1 PERSON

300 ml **Hanfmilch** (enthält reichlich Omega-3- und Omega-6-Fettsäuren), alternativ Reismilch oder andere Milch

4–5 **gefrorene Erdbeeren** oder 1 Tasse **gefrorene Mango** (in Stücken)

1 EL **Leinöl**

1 reife **Banane**

1 EL **Kokosöl**

1 EL **Eiweißpulver**

Alle Zutaten im Mixer fein pürieren.

Kindershake
mit Hanfmilch und Obst

FÜR 1 PERSON

300 ml **Hanfmilch** oder andere Milch

4–5 **gefrorene Erdbeeren** oder 1 Tasse **gefrorene Mango** (in Stücken)

1 reife **Banane**

1 TL **Kokosöl** oder 1 TL **Erdnussbutter**

Die Zutaten in einen Mixer geben und fein pürieren.

Für Kinder, die keine Milchprodukte vertragen, kann man diesen Shake perfekt um 2 TL Tahin (Sesammus) ergänzen – für eine Extraportion Calcium.

Gehaltvolle Säfte und gesundes Eis

Wer seinen Körper ruck, zuck mit guten Nährstoffen versorgen möchte, sollte häufiger mal den Entsafter anschmeißen. Es macht Spaß, immer wieder neue Kombinationen auszuprobieren und sich langsam von süßen Obstsäften zu grünen Gemüsesäften voranzutasten. Diese sind noch dazu extrem gesund. Lassen Sie auch Ihre Kinder mitmischen! Eis aus selbst gepresstem Saft ist für die Kleinen das Größte.

SLUSH

Eine andere Möglichkeit, die Familie mit wertvollen Nährstoffen zu versorgen, ist Slush. Dieses halbgefrorene Erfrischungsgetränk lässt sich auch mit einem Entsafter zubereiten. Befüllen Sie ihn einfach mit gefrorenen Früchten. Vergewissern Sie sich vorher aber, dass Ihre Maschine Gefrorenes verträgt.

Einer für alle:
Karotten-Apfel-Saft

FÜR 1–2 PERSONEN

2–3 **Karotten**
1–2 **Äpfel**
¼ **Zitrone** (1 TL Zitronensaft)
Eiswürfel zum Servieren

Die Karotten und Äpfel waschen, putzen und in Stücke schneiden, mit denen Ihr Entsafter gut zurechtkommt. In den fertigen Saft die Zitrone pressen. Gut umrühren und mit Eiswürfeln servieren.

Dieser Saft eignet sich auch hervorragend für selbst gemachtes Wassereis. Einfach in Eisförmchen gießen und ins Eisfach legen. Die Kinder werden es lieben!

Erfrischend anders:
Saft mit Karotte, Apfel, Roter Bete und Ingwer

FÜR 1–2 PERSONEN

2–3 **Karotten**
1–2 **Äpfel**
½ kleine **Rote Bete**
1 kleines Stück **Ingwer**
ca. ¼ **Zitrone** (1 TL Zitronensaft)
Eiswürfel zum Servieren

Die Karotten, die Äpfel und die Rote Bete waschen, putzen und so klein schneiden, dass Ihr Entsafter mit den Stücken zurechtkommt. Den Ingwer schälen und ebenfalls in den Entsafter geben. In den frischen Saft die Zitrone pressen. Gut umrühren und mit Eiswürfeln servieren.

Man braucht nicht unbedingt einen Entsafter, um gesundes Wassereis herstellen zu können. Sie können auch gute gekaufte Obst- und Gemüsesäfte verwenden, am besten aus dem Bioladen.

Für Neulinge am Entsafter bieten sich Karotten und Äpfel besonders an – diese Säfte gelingen immer!

Stimmungsmacher
mit Sellerie, Ananas und Ingwer

FÜR 1–2 PERSONEN

125 g **Sellerie**
125 g frische **Ananas**
1 kleines Stück frischer **Ingwer** (ca. 2,5 cm lang)
3 bis 4 **Eiswürfel**

Den Sellerie waschen und putzen. Die Ananas schälen, den harten Kern entfernen und das Fruchtfleisch in Stücke schneiden, mit denen Ihr Entsafter gut zurechtkommt. Den Ingwer schälen. Alle Zutaten entsaften. Den frischen Saft mit Eiswürfeln in den Mixer geben und eiskalt servieren.

Liebestrunk
mit Apfel, Mango und Passionsfrucht

FÜR 3 PERSONEN

3 **Äpfel**
1 reife **Mango**
2 **Passionsfrüchte** (Maracuja)

Die Äpfel waschen, putzen und in Stücke schneiden, mit denen Ihr Entsafter gut zurechtkommt. Die Apfelstücke entsaften. Die Mango schälen und klein schneiden, die Passionsfrucht auslöffeln und beides mit dem Apfelsaft in einem Standmixer (Blender) noch einmal gut durchmixen.

Grüner Tee tut unserem Körper gut, denn er enthält Antioxidantien, die unsere Zellen vor freien Radikalen schützen. Freie Radikale sind Molekülteile, die u. a. bei normalen Stoffwechselprozessen im Körper, aber auch durch Rauchen, Stress und den Genuss von Alkohol entstehen. Freie Radikale greifen Zellmembranen und Proteine im Körper an und können diese so nachhaltig schädigen, dass sie absterben. Neben einer vorzeitigen Alterung stehen sie im Verdacht, die Entstehung unterschiedlicher Erkrankungen, wie z. B. Krebs, Arteriosklerose oder Demenz (Alzheimer) zu begünstigen.

Grüner Tee mit Zitrone, Ingwer und Honig

FÜR 2 PERSONEN

2 TL oder 2 Teebeutel **grüner Tee**
2 dünne **Ingwerscheiben**
1–2 **Zitronenscheiben**
1–2 EL **Honig**

Zubereitung

400 ml Wasser aufkochen. Den Ingwer pressen und mit dem Tee und den Zitronenscheiben in eine Kanne geben. Mit dem kochenden Wasser übergießen und 3–5 Minuten ziehen lassen. Dann den Tee bzw. Teebeutel, die Ingwerstücke und die Zitronenscheiben herausnehmen.

Falls Tee übrig bleibt, ist er auch kalt ein erfrischender Genuss – am besten mit Eiswürfeln!

Grüner Tee enthält Koffein und ist damit ein Wachmacher, den man am besten nicht vor dem Schlafengehen trinken sollte. Nach einem anstrengenden Tag, wenn die Familie von der Arbeit und der Schule nach Hause kommt und Hausaufgaben und Essensplanung anstehen, der eine die Wand bemalt und der andere Bauklötze im ganzen Wohnzimmer verteilt, gibt eine Tasse grüner Tee die nötige Kraft – zumindest für die nächste Stunde.

[75]

Tee trinken ist Meditation für die Sinne und für viele ein fast feierlicher Akt. Mit der warmen Tasse in den Händen suchen sie sich ein gemütliches Plätzchen, um den Alltag hinter sich zu lassen und mal so richtig auszuspannen. Die Japaner haben sogar ein spezielles Teezimmer, in dem sie Entspannung suchen und zu sich finden. Eine kleine Auszeit hilft immer, wenn man nach einem langen Tag von der Müdigkeit übermannt wird und die Konzentration schwindet.

Saubermacher:
Pfefferminztee mit Zitrusfrüchten und Cranberry

FÜR 1 PERSON

1 EL **Limettensaft**
1 EL **Zitronensaft**
250 ml **Cranberrysaft**
1 Beutel **Pfefferminztee**

Die Säfte in einem kleinen Topf erwärmen. Den heißen Saft in einen Becher oder eine Teekanne gießen und den Teebeutel hineinhängen. Abgedeckt ca. 10 Minuten ziehen lassen. Vor dem Trinken noch einmal gut umrühren.

> Pfefferminze ist sowohl im Morgen- als auch im Abendland als Heilkraut bekannt, das bei Verdauungsproblemen, Halsschmerzen, Übelkeit, Erkältung, Blähungen und Magenkrämpfen Linderung verschafft.

HAUPTGERICHTE

- Afrikanischer Hähncheneintopf
- Blumenkohlbratlinge
- Sandwich ohne Brot
- Apfel-Birnen-Salat mit überbackenem Ziegenkäsebrot
- Auberginen-Kichererbsen-Eintopf
- Rote Superheldensuppe (mit unsichtbarem Gemüse)
- Fischbällchen
- Kürbislasagne
- Hähnchenbrust in Sojasauce und Honig
- Pizza ohne Getreidemehl
- Indische Lammkeule
- Putenburger mit Dinkelbrötchen
- Kebab-Bällchen
- Hähnchenhappen mit Honigsauce
- Hähnchensalat

- Chili sin Carne
- Hähnchenwraps
- Frikadellen
- Lachs
- Lachstatar
- Mexikanische Party: Chili con Carne mit Tortillachips und Guacamole
- Pasta:
  - Ravioli
  - Tagliatelle
- Hähnchenbrust in Pekannusskruste
- Gebratener Kabeljau
- Roastbeef
- Linsenbolognese
- Scharfe Hähnchen-Nudel-Suppe
- Gebratener Fisch in Sesam-Kokos-Panade
- Gebratener Heilbutt

Afrikanischer Hähncheneintopf
mit Karotten und Süßkartoffeln

Eintöpfe und gehaltvolle Suppen, bei denen alle Zutaten einfach in einen großen Topf geworfen werden, koche ich richtig gern. Zu diesem Gericht passt z. B. Pfannen- oder Naanbrot (siehe S. 174). Auch Naturreis und Salat sind gute Beilagen. Reste kann man mit ein paar frischen Salatblättern wunderbar zu Tacos oder Wraps verarbeiten.

FÜR 4–6 PERSONEN

500–700 g **Hähnchenbrustfilet**

4 **Karotten**

1 große **Süßkartoffel** (ca. 340 g)

1 **Zwiebel**

5 **Knoblauchzehen**

2 EL **Dinkel-/Vollkorn-/Buchweizenmehl**

1 TL **Meersalz**

2 EL natives **Olivenöl** extra vergine

1 EL gemahlener **Kreuzkümmel**

2 TL gemahlener **Koriander**

¼ TL gemahlener **Zimt**

¼ TL **Cayennepfeffer**
(nach Belieben)

400 ml **Hühnerbrühe**

100 ml **Orangensaft**

100–200 ml **Reis-** oder **Kokossahne***
(gibt dem Gericht eine cremige Konsistenz)

3 EL frisches **Basilikum**, gehackt

Zubereitung

1. Die Hähnchenbrustfilets in Stücke schneiden (etwa 10 Stücke pro Filet). Auch das Gemüse bereiten Sie am besten gleich zu Beginn vor: Die Karotten und die Süßkartoffel schälen und in mundgerechte Stücke schneiden. Die Zwiebeln schälen und fein hacken. Die Knoblauchzehen fein hacken oder pressen (dann ruhig die Reste, die in der Presse bleiben, auch noch fein hacken).

2. Das Mehl und ½ TL Salz auf einem Suppenteller zu einer Panade vermengen. Die Hähnchenbruststücke darin wälzen.

3. Das Geflügel in einem großen Topf in 1 EL Olivenöl jeweils 3–4 Minuten auf beiden Seiten gleichmäßig anbraten. Zur Seite legen.

4. Die Zwiebel in 1 EL Olivenöl im Topf glasig werden lassen. Passen Sie auf, dass nichts anbrennt.

5. Den Knoblauch zugeben und 30 Sekunden mit anbraten.

6. Die Süßkartoffel- und Karottenstücke in den Topf geben und ca. 2 Minuten braten.

7. Mit Kreuzkümmel, Koriander, Zimt und Cayennepfeffer würzen, umrühren und weitere 30 Sekunden braten.

8. Mit der Hühnerbrühe und dem Orangensaft ablöschen. Den Sud aufkochen lassen, dann die Temperatur reduzieren. Mit Deckel bei geringer Hitze 25 Minuten köcheln lassen.

9. Die Hähnchenbruststücke und die Reismilch- oder Kokossahne zufügen, mit ½ TL Salz würzen und 5 Minuten kochen lassen.

10. Den Topf von der Flamme nehmen und das Basilikum unterrühren.

***Kokossahne** ist die feste Schicht, die sich in der Konserve absetzt. Da sie gleich unter dem Deckel sitzt, kann man sie leicht mit einem Löffel herausholen. Wer auf Nummer sicher gehen will, stellt die Kokosmilchdose einige Stunden vorher in den Kühlschrank, damit die Sahneschicht schön fest wird. **Reissahne** gibt es fertig im gut sortierten Supermarkt zu kaufen. Sie finden sie meist als haltbares Produkt neben Reis-, Mandel- oder Sojamilch.

Blumenkohlbratlinge
mit Mozzarella, Feta und scharfem Paprika-Chutney

Die Arbeit an diesem Rezept hat mich damals ganz schön in Beschlag genommen. Als mein dreijähriger Sohn seine Schuhe mit der elektrischen Zahnbürste der großen Schwester putzte, tat ich so, als würde ich es nicht sehen — einfach nur, weil ich meine Ruhe brauchte, um dem Rezept den letzten Schliff zu verpassen. Dann habe ich meine Eltern zum Essen eingeladen. Rein vegetarische Hauptgerichte sind sie nicht gewohnt, aber dieses hier hat ihnen geschmeckt. Das will wirklich was heißen! Auch meine Kinder freuen sich immer, wenn es Blumenkohlbratlinge gibt — was will man mehr?

FÜR 4–6 PERSONEN

1 frischer **Blumenkohl** (ohne Strunk, ca. 350 g)
100 g **Mehl** (z. B. Dinkel-, Reis- oder Buchweizenmehl)
4 **Eier**
125 g **Mozzarella**
100 g **Feta**
1 **Zitrone**
½ Bund frische **Petersilie**
4 EL **Kokosöl** zum Anbraten
Meersalz und frisch gemahlener **schwarzer Pfeffer**

Zubereitung

1. Einen Topf Wasser aufsetzen. Den Blumenkohl waschen, putzen und in kleine Röschen zerteilen. Den Blumenkohl im siedenden Wasser 3 Minuten garen. In ein Sieb abgießen, kalt abschrecken und beiseitestellen.

2. Das Mehl in einer Schüssel mit Meersalz und Pfeffer vermischen. Wenn Sie möchten, können Sie auch noch andere Gewürze verwenden.

3. Die Eier verquirlen, über das Mehl gießen und alles gut verrühren.

4. Den Mozzarella und den Feta klein schneiden und mit der Mehl-Eier-Masse vermengen.

5. Die Zitrone pressen und den Saft zur Käsemasse geben und verrühren.

6. Die Petersilie hacken und ebenfalls unterrühren.

7. Zuletzt den Blumenkohl vorsichtig unterheben. Die Röschen dürfen ruhig aus der Masse herausragen.

8. In einer Pfanne 1 EL Öl erhitzen. Mit einer kleinen Kelle jeweils ca. 1½–2 EL der Blumenkohlmischung abschöpfen und in die Pfanne geben. Ca. 3 Minuten braten, bis die Oberfläche angetrocknet ist. Mit einem Pfannenwender prüfen, ob die Unterseite der Bratlinge goldgelb ist. Dann umdrehen und die andere Seite braten.

PAPRIKA-CHUTNEY

2 rote **Paprika**
1 **Zwiebel**
30–40 g frischer **Ingwer**
2–3 **Knoblauchzehen**
½ rote **Chilischote**
1 EL natives **Olivenöl** extra vergine
2 TL gemahlene gelbe **Senfkörner** (nach Belieben)
250 g **Tomaten** (am besten Pflaumen- oder Kirschtomaten)
50 g **Rohzucker**
50 ml **Rotweinessig**

Zubereitung

1. Die Paprika waschen, putzen und in feine Würfel schneiden, die Zwiebel hacken. Den Ingwer schälen und reiben. Die Knoblauchzehen pressen. Die Chilischote putzen, die Chilikerne entfernen und die Schote fein hacken. Das Gemüse in einer Pfanne oder einem Topf in Öl anbraten.

2. Senfkörner zugeben und umrühren (wer mag).

3. Die Tomaten waschen und ggf. klein schneiden.

4. Tomaten, Zucker und Essig hinzugeben. Umrühren und auf kleiner Flamme 30–40 Minuten köcheln lassen, bis der Sud eingedickt ist.

Wenn vom Paprika-Chutney etwas übrig bleibt, backe ich am nächsten Tag gern eine Quiche dazu. Hin und wieder habe ich es auch schon losgelöst von den Blumenkohlbratlingen zubereitet und z. B. beim Brunch zu Rührei serviert. Gesundheitsbewusste Menschen essen oft relativ viel Ei. Wenn Sie zu Eiern gern etwas Pikantes mögen, ist dieses Chutney genau das Richtige für Sie.

Blumenkohl enthält reichlich Vitamin C, Vitamin K, Folsäure und viele weitere wichtige Nährstoffe für unseren Körper.

Sandwich ohne Brot
— inspiriert von der Paleo-Diät

Dieses Rezept ist ein typisches „Paleo-Rezept". Was genau versteht man unter dem Paleo-Prinzip? Verfechter der Paleo- oder Steinzeitdiät gehen davon aus, dass die Menschen, die in der Altsteinzeit (Paläolithikum) gelebt haben, die gesündesten Menschen überhaupt waren und sehen dies durch jahrzehntelange archäologische Untersuchungen bestätigt. Der dekadente Lebensstil des modernen Menschen hingegen, insbesondere die schlechte Ernährung, greife unseren Körper an und sei schuld an Zivilisationskrankheiten, wie z. B. Diabetes, Herzleiden und Verdauungsstörungen. Die Paleo-Diät besteht vor allem aus Fleisch, Fisch, Obst, Gemüse und Nüssen. Milchprodukte, Getreide, Zucker und verarbeitete Fleischprodukte hingegen sind nicht erlaubt. Auf all das zu verzichten ist für uns moderne Menschen nicht leicht, aber die freiwilligen Paläolithiker haben sich einige pfiffige Rezepte ausgedacht. Zum Beispiel dieses Sandwich ohne Brot. Wie Sie sicher schon längst entdeckt haben, enthält es den nicht gerade gesunden Schinkenspeck, der laut des Paleo-Prinzips aber erlaubt ist. Man kann ihn aber auch einfach weglassen. Paleo-Diät hin oder her — dieses Rezept ist auch für all diejenigen interessant, die sich glutenfrei ernähren oder generell Getreide meiden.

FÜR 2 PERSONEN

2 **Hähnchenbrustfilets**

4 Scheiben **Schinkenspeck**
(richtig gelesen: Schinkenspeck!
Erklärung s. o.)

frisch gemahlener schwarzer **Pfeffer**
nach Geschmack

Cayennepfeffer nach Geschmack

2 **Eier**

1 große **Tomate**

1 **Zwiebel**

4 frische **Salatblätter**
(z. B. Kopfsalat) oder einige
Blätter Feldsalat oder Spinat

3 EL selbst gemachte Mayonnaise
(siehe S. 171) oder eine fettreduzierte Sorte (3 % Fett).

1 TL Sambal Oelek

Als Beilage passen wunderbar Pommes frites aus Süßkartoffeln (siehe S. 165).

Zubereitung

1. Den Backofen auf 150 °C vorheizen.

2. Die Hähnchenbrustfilets längs halbieren, in Frischhaltefolie einwickeln und etwas flachklopfen. Suchen Sie sich dafür ein passendes Werkzeug, am besten einen Fleischklopfer oder ein Plattiereisen. Passen Sie auf, dass Sie keine Löcher ins Fleisch klopfen.

3. Den Schinkenspeck in einer Pfanne anbraten. Mit schwarzem Pfeffer würzen und in eine feuerfeste Form legen. In derselben Pfanne die Hähnchenbrustfilets auf beiden Seiten 3 Minuten anbraten. Nach Geschmack mit Cayennepfeffer würzen und in eine zweite feuerfeste Form legen.

4. Beide Formen für 10 Minuten in den Ofen schieben. In der Zwischenzeit zwei Spiegeleier braten. Die Tomate waschen und in Scheiben schneiden. Die Salatblätter waschen und trocken schütteln. Die Zwiebel in Ringe schneiden. Mayonnaise und Sambal Oelek in einem Schälchen verrühren.

5. Dann die Sandwiches zusammensetzen: Bestreichen Sie eines der Hähnchenbrustfilets mit der Chilimayonnaise und schichten Sie dann Salat, Tomatenscheiben, Zwiebelringe, ein Spiegelei, Schinken und zuletzt als „Deckel" ein zweites Hähnchenbrustfilet darauf.

Apfel-Birnen-Salat

mit überbackenem Ziegenkäsebrot und Ahornsirup

Dieser Salat ist eine wunderbare Vorspeise für die ganze Familie, aber auch ein perfekter „Freundinnensalat", wenn endlich mal wieder Zeit für einen gemütlichen Abend bei einem Glas Weißwein ist. Ein Schlückchen in Ehren ...

Als Vorspeise für die Familie verdoppeln Sie einfach die Zutaten.

FÜR 2 PERSONEN

400 g knackig frischer **Blattsalat**
1 grüner **Apfel**
1 **Birne** (schön reif)
2 Scheiben **Vollkorn- oder Dinkelbrot**
2 EL natives **Olivenöl** extra vergine
120 g **Ziegenkäserolle** (Weichkäse)
80 g **Walnüsse**
4 EL **Ahornsirup**

Zubereitung

1. Den Backofen auf 180 °C vorheizen.

2. Den Salat waschen und trocken schleudern. Das Obst waschen und würfeln. Salat und Obst in einer großen Schüssel vermengen.

3. Das Öl in einer Pfanne erhitzen.

4. Sobald das Öl heiß ist, die Brote darin rösten. Die Brote gut im Auge behalten: Ist eine Seite goldgelb, umdrehen und die andere Seite rösten.

5. Die Brote auf ein Backblech legen. Den Ziegenkäse in Scheiben schneiden und auf den Broten verteilen. Dann das Blech auf mittlerer Schiene in den Ofen schieben.

6. Die Brote ca. 5 Minuten im heißen Ofen überbacken, bis der Käse zu schmelzen beginnt.

7. Den Salat auf zwei tiefen Tellern verteilen und jeweils ein Ziegenkäsebrot darauflegen. Die Nüsse grob hacken und über den Salat streuen. Zuletzt mit Ahornsirup beträufeln.

Auberginen-Kichererbsen-Eintopf

Zugegeben: Dieses Gericht ist kein Montagsessen. Wenn mir das eine Kind am Rockzipfel hängt und das andere Hilfe bei den Hausaufgaben braucht, ist die Zubereitung einfach zu stressig. Für dieses Rezept braucht man Ruhe und Muße, daher koche ich es meist samstags. Ein schmackhaftes Gericht voller guter Nährstoffe.

FÜR 4 PERSONEN

2–3 große **Auberginen**
(insgesamt 1,5 kg)

2 rote **Paprika**

1 **Knoblauchzwiebel** zzgl.
3 **Knoblauchzehen**

1 **Zwiebel**

¼ Tasse natives **Olivenöl**
extra vergine

100 ml **Weißwein**

2 TL gerebelter **Estragon**

1 TL gerebelter **Thymian**

1 TL gemahlener **Koriander**

½ TL edelsüßes
Paprikapulver

2 **Lorbeerblätter**

1 Dose geschälte
Tomaten (400 g)

1 Dose **Kichererbsen** (400 g)

Meersalz und
frisch gemahlener
schwarzer Pfeffer

1. Den Backofen auf 230 °C vorheizen.

2. Zwei Backbleche mit Backpapier vorbereiten (Falls Ihr Ofen sehr breit ist, reicht auch ein Blech). Das Backpapier mit Öl bepinseln.

3. Die Auberginen waschen längs vierteln und die Stücke dann noch einmal halbieren. Mit Öl bepinseln und auf den Backblechen verteilen.

4. Die Paprika halbieren, putzen und ebenfalls mit Öl bepinseln. Mit den Schnittkanten nach unten auf die Backbleche legen.

5. Die Zehen der ganzen Knoblauchzwiebel schälen und ebenfalls auf den Blechen verteilen. (Aber nicht die drei zusätzlichen Zehen, die werden später gebraucht.)

6. Die Bleche in den Ofen schieben. Eines kommt in die zweitoberste, das andere in die zweitunterste Schiene.

7. Nach 25 Minuten die Paprika aus dem Ofen holen und in eine Plastiktüte füllen (damit sich die Haut später gut lösen lässt).

8. Die Auberginenstücke wenden und Stücke, die trocken wirken, noch einmal mit Öl bepinseln. Sie sollten leicht gebräunt sein. Die Auberginen und Knoblauchzehen weitere 15 Minuten backen. Die Knoblauchzehen sollten insgesamt ca. 40 Minuten im Ofen bleiben.

9. Die Zwiebel hacken und in einem großen Topf in 1 EL Öl goldgelb braten. Die drei restlichen Knoblauchzehen ebenfalls hacken und 2 Minuten mitbraten.

10. Mit Weißwein ablöschen. Die Lorbeerblätter hinzufügen, mit den Kräutern und dem Paprikapulver würzen und 5 Minuten köcheln lassen.

11. Die Tomaten hinzufügen. Falls es ganze Tomaten sind, vorher in mundgerechte Stücke schneiden. Auch den Saft aus der Dose in den Topf geben. Dann die Auberginenstücke hinzufügen und alles gut umrühren. Die Aubergine darf beim Rühren ruhig zerdrückt werden.

12. Die Paprika aus der Tüte nehmen und die Haut ablösen. Falls sie sich nicht lösen lässt, kann die Haut aber auch dranbleiben. In mundgerechte Stücke schneiden und in den Topf geben.

13. Die Kichererbsen abtropfen lassen und in den Topf geben. 20 Minuten bei geringer Hitze köcheln lassen, ab und zu umrühren.

14. Die gebackenen Knoblauchzehen in den Topf pressen und gut umrühren. Den Herd ausstellen und den Eintopf vor dem Servieren noch kurz ruhen lassen.

Rote Superheldensuppe (mit unsichtbarem Gemüse)

Wenn Kinder etwas Neues probieren sollen, spielt das Aussehen oft eine entscheidende Rolle. An Gemüse, das sie noch nie gesehen haben, trauen sie sich meist nicht so recht heran. Das Herrliche an dieser Suppe: All das gute Gemüse ist ihr überhaupt nicht anzusehen. Nach 20 Minuten Kochzeit wird alles püriert — und heraus kommt diese hübsche rote Suppe. Niemand weiß genau, was drin ist, und alle können unbesorgt zuschlagen. Sollten Ihre Lieben doch skeptisch sein, benennen Sie die Suppe einfach nach dem Lieblingssuperhelden Ihrer Kinder — das wirkt immer!

FÜR 4–6 PERSONEN

3 **Karotten**

½ **Süßkartoffel**

3–4 **Tomaten**

1 rote **Paprika**

eine Handvoll **Brokkoliröschen**
(nach Belieben)

1 **Zwiebel**

2 EL **Kokosöl** oder natives **Olivenöl**
extra vergine

2–3 **Knoblauchzehen**

1 EL edelsüßes **Paprikapulver**

2 **Lorbeerblätter**

100 g **Tomatenmark**

1,2 l **Gemüsebrühe**

1 Tasse **rote Linsen**

Meersalz und frisch gemahlener
schwarzer Pfeffer

4–6 TL **saure Sahne** oder **Reissahne**
zum Servieren

Zubereitung

1. Zunächst das Gemüse (Karotten, Süßkartoffel, Tomaten, Paprika und ggf. Brokkoli) waschen, putzen und klein schneiden. Die Stücke sollten nicht zu groß sein, damit das Gemüse nach 20 Minuten Kochzeit auch wirklich gar ist.

2. Die Zwiebel hacken und in einem großen Topf bei mittlerer Temperatur im Öl glasig dünsten.

3. Die Knoblauchzehen in den Topf pressen. Der Knoblauch darf nicht zu heiß werden. Im Zweifel nehmen Sie den Topf kurz von der Flamme.

4. Das Paprikapulver, die Lorbeerblätter und das vorbereitete Gemüse hinzufügen und alles gut vermengen.

5. Dann das Tomatenmark, die Gemüsebrühe und die Linsen hinzugeben. Mit Salz und Pfeffer würzen. Kurz umrühren, dann mit Deckel 20–25 Minuten köcheln lassen, bis das Gemüse weich ist.

6. Die Lorbeerblätter entfernen.

7. Die Suppe fein pürieren, entweder in 3–4 Portionen in einem Mixer oder mit einem Pürierstab direkt im Topf.

8. Falls Sie einen Mixer benutzen, stellen Sie die Suppe vor dem Servieren noch einmal kurz auf den Herd, damit sie schön heiß ist. Mit Salz und Pfeffer abschmecken. Mit einem Klecks saurer Sahne oder Reissahne servieren.

Wer die Suppe gern pikanter mag, kann sie zusätzlich mit ½–1 Chilischote würzen. Die gehackte, entkernte Chili dann einfach gemeinsam mit dem Knoblauch in den Topf geben. Auch am nächsten Tag ist die Suppe noch köstlich. Manchmal koche ich dann für jeden ein Ei, das im Ganzen in die Suppe kommt — als kleine Proteinbombe. Viel gesünder geht Essen nicht. Auch als Pastasauce machen sich Suppenreste ganz ausgezeichnet.

Rote Linsen enthalten reichlich Ballaststoffe, Eisen, Magnesium, Folsäure und Vitamin B1. Rote Linsen senken den Cholesterinwert und sorgen für einen gleichmäßigen Blutzuckerspiegel.

Fischbällchen

mit Knoblauch-Kartoffelpüree und frischem Rohkostsalat

FÜR 6 PERSONEN

1 kg **Kabeljaufilet**

1 große **Zwiebel**

4 EL **Kartoffelmehl**

200–300 ml **Milch, Reismilch** oder **Kokosmilch**

1 EL **Meersalz**

1 EL **Kokosöl**

1 **Ei**

1 ½ TL **weißer Pfeffer**

3 **Knoblauchzehen**, gepresst

Schale von ½ unbehandelten **Zitrone**
und ein Spritzer **Zitronensaft** (wer mag)

2 EL **Kokosöl**, natives **Olivenöl** extra vergine
oder **Butter** zum Braten

Zubereitung

1. Die Zwiebel schälen. Den Fisch und die
    Zwiebel so klein schneiden, dass man sie
    gut durch den Fleischwolf drehen kann.

2. Wenn Sie Fisch und Zwiebel durch den
    Fleischwolf gedreht haben, mit allen an-
    deren Zutaten in die Rührmaschine geben
    und vermengen.

3. Bei mittlerer Temperatur Öl in einer
    Pfanne erhitzen.

4. Mit einem Löffel Bällchen aus der Fisch-
    masse formen und im heißen Fett von allen
    Seiten goldbraun braten.

Dieses Rezept ist relativ üppig bemessen, daher
bietet es sich an, die Reste für den nächsten Tag
aufzuheben oder einzufrieren. Falls die Fischbällchen beim Formen auseinanderfallen, geben
Sie etwas mehr Kartoffelmehl in den Teig.

FRISCHER ROHKOSTSALAT

200 g frischer **Rotkohl**

100 g frischer **Weißkohl**

100 g **Karotten**

1 **Apfel**

1 **Orange**

Für das Dressing:

1 **Zitrone**

3 EL natives **Olivenöl** extra

Meersalz und frisch gemahlener
schwarzer Pfeffer

Zubereitung

1. Den Rotkohl, den Weißkohl,
    den Apfel und die Karotten
    waschen, putzen und auf dem
    Gemüsehobel in feine Stifte
    schneiden. Die Orange schälen,
    filetieren und in kleine Stücke
    schneiden. Anschließend
    Obst und Gemüse in einer
    Salatschüssel vermengen.

2. Die Zitrone auspressen. Den
    Zitronensaft mit dem Öl zu
    einem Dressing verrühren, mit
    Salz und Pfeffer abschmecken.

3. Das Dressing über den Salat
    gießen und alles noch einmal
    gut vermengen.

KNOBLAUCH-KARTOFFELPÜREE

Siehe S. 162.

Kürbislasagne

Es macht großen Spaß, dieses Rezept gemeinsam mit den Kindern zuzubereiten und auch die Lasagneblätter selbst zu machen (siehe S. 122). Alternativ können Sie die frischen Lasagneblätter aber auch in allen Varianten kaufen, zum Beispiel aus Dinkel- oder Vollkornmehl oder auch aus einer glutenfreien Alternative. Dieses Rezept kommt bei Groß und Klein gleichermaßen gut an.

Es gibt kaum etwas Schöneres, als mit meinen lieben Freundinnen zusammenzusitzen, lecker zu essen und über Gott und die Welt zu plaudern. Es passiert nicht oft, dass diese Frauen mal still sind, denn sie haben zu allem und jedem eine Meinung und immer eine witzige Geschichte auf Lager. Aber dieses eine Mal, als es Kürbislasagne gab, war kein Wort zu hören. Nur „Mmmmhhh" …

FÜR 4–6 PERSONEN

1 Packung frische **Lasagneblätter** (aus Dinkelmehl oder einer glutenfreien Alternative.
Mit dem Pastarezept von S. 122 können Sie
die Blätter natürlich auch selbst machen.)

FÜR DIE FÜLLUNG:

700–800 g **Kürbis** (z. B. Moschus-Kürbis)

2–3 EL natives **Olivenöl** extra vergine

1 rote **Chilischote**

2–3 **Knoblauchzehen**

Meersalz und frisch gemahlener
schwarzer **Pfeffer**

2 EL **Pinienkerne**

125 g **Blauschimmelkäse**

200 g frischen **Spinat**

2 Kugeln **Mozzarella** (je 125 g)

FÜR DIE BÉCHAMELSAUCE:

500 ml **Milch** (alternativ Kokos-
oder Mandelmilch)

1 **Lorbeerblatt**

50 g **Butter**

50 g **Weizenmehl**
(oder eine glutenfreie Alternative)

Meersalz und frisch gemahlener **weißer Pfeffer**

1 TL **Muskat** (am besten frisch gemahlen)

1–2 EL frisch geriebener **Parmesan**

Zubereitung

1. Den Backofen auf 220 °C vorheizen.

2. Den Kürbis längs aufschneiden, Stielansatz, Kerne und Fasern entfernen, schälen und in ca. 2 cm lange Stücke schneiden. Die Kürbisstücke auf ein Backblech legen und mit Öl bepinseln.

3. Die Chilischote waschen, putzen und fein hacken. Den Knoblauch schälen und ebenfalls fein hacken. Chili und Knoblauch über die Kürbisstücke streuen.

4. Den Kürbis salzen und pfeffern. Anschließend 20–25 Minuten backen, bis er weich und hellbraun geworden ist.

5. Während der Kürbis im Ofen brät, bereiten Sie die Béchamelsauce zu: Die Milch mit dem Lorbeerblatt in einem Topf aufkochen. Passen Sie auf, dass die Milch nicht überkocht!

6. In einem zweiten Topf die Butter schmelzen und das Mehl einrühren. Etwa 1 Minute weiterrühren, so gibt es keine Klümpchen. Das Lorbeerblatt aus der Milch nehmen. Die Milch nach und nach in die Mehlmasse einrühren. Keine Angst, wenn es zunächst klumpt, das gibt sich noch. Die Sauce 10 Minuten köcheln, aber nicht mehr kochen lasssen! Mit Salz, Pfeffer und Muskat herzhaft abschmecken. Zuletzt den Parmesan einrühren.

7. Die Ofentemperatur auf 200 °C senken.

8. Dann können Sie sich daran machen, die Lasagne zu schichten (siehe S. 95). Falls Sie den Eindruck haben, dass die Sauce nicht reicht, ist sie wahrscheinlich zu sehr eingedickt. Sie können sie mit ein bisschen Milch wieder strecken.

9. Die fertig geschichtete Lasagne anschließend 25–30 Minuten im Ofen backen.

ZUSAMMENSETZUNG

1. In die Auflaufform ¼ der Sauce gießen.
2. Die Hälfte der Kürbisstücke darauflegen.
3. Die Hälfte des Blauschimmelkäses darauf verteilen.
4. Mit einer Schicht Lasagneblätter bedecken.
5. Mit ¼ der Béchamelsauce begießen.
6. Als Nächstes kommt eine Schicht Spinat.
7. Mit Lasagneblättern bedecken.
8. Mit ¼ der Béchamelsauce begießen.
9. Den restlichen Kürbis darauf verteilen.
10. Die zweite Hälfte Blauschimmelkäse darübergeben.
11. Noch eine Schicht Lasagneblätter.
12. Den Rest der Béchamelsauce darübergießen. Den Mozzarella in Stücke zupfen und auf der Sauce verteilen. Mit Pinienkernen bestreuen.

FETTREDUZIERTE VARIANTE:

Verzichten Sie auf den Mozzarella und den Parmesan.

Sauce: 500 ml Milch mit einem Lorbeerblatt in einem Topf erwärmen. Das Lorbeerblatt entfernen und 2 Packungen Hüttenkäse (jeweils 200 g) in der Milch schmelzen. Mit Salz, Pfeffer und Muskat würzen.

GLUTENFREIE VARIANTE:

Verwenden Sie glutenfreie Lasagneblätter und für die Sauce glutenfreies Mehl, z. B. Mais-, Reis- oder Buchweizenmehl.

Für die Sauce habe ich auch schon Kokosmilch anstelle von Kuhmilch verwendet, was gut geklappt hat. Für Sigmar habe ich außerdem jeglichen Käse weggelassen – selbst dann hat die Lasagne noch wunderbar geschmeckt.

Hähnchenbrust in Sojasauce und Honig

mit Cashewkernen

Dieses Rezept ist ohne großen Aufwand zubereitet, leicht bekömmlich und schmeckt allen — ein Gericht für jeden Tag. Als Beilage passen dazu Naturreis oder Gerste und frischer Salat. Die Kinder lieben dieses Gericht.

FÜR 4 PERSONEN

5 **Hähnchenbrustfilets**

2 EL **Sojasauce** (z. B. glutenfreie Tamari)

3 EL **Honig** (z. B. Akazienhonig)

1 EL natives **Olivenöl** extra vergine

100 g **Cashewkerne** (oder halbierte Pekannüsse)

Cashewkerne sind natürliche Protein-spender und enthalten viele gesunde Fette, Mineralstoffe und Enzyme.

Zubereitung

1. Die Hähnchenbrustfilets in mundgerechte Stücke schneiden.

2. Die Sojasauce und den Honig in einer Schüssel verrühren.

3. Die Hähnchenstücke in die Soja-Honig-Sauce legen und 5 Minuten ziehen lassen.

4. Das Öl in einer Pfanne erhitzen und das Geflügel bei mittlerer Temperatur 4–5 Minuten darin braten. Weitere 3–5 Minuten bei höherer Temperatur braten. Falls sich dabei viel Flüssigkeit in der Pfanne ansammeln sollte (die kommt aus dem Geflügel), diese abgießen oder verdampfen lassen.

5. Die Cashewkerne hinzugeben und mit dem Geflügel karamellisieren lassen.

Pizza ohne Getreidemehl

Mehl ist wahrscheinlich die erste Zutat, die einem einfällt, wenn man an Pizzaboden denkt. Hier sind zwei Rezepte für Pizzaböden ohne Getreidemehl, die dementsprechend auch glutenfrei sind. Und noch dazu viel gesünder als normale Pizzaböden. Die erste Variante ist besonders gesund, da der Teig aus Leinsamen- und Mandelmehl gemacht ist. Die zweite Rezeptvariante enthält nur Mandelmehl. Wenn Ihr Kind keine Gluten verträgt, verwenden Sie besser das zweite Rezept, das hier für eine Pizza bemessen ist, sich aber natürlich beliebig erweitern lässt. Mandelmehl ist aus fein gemahlenen Mandeln gemacht und daher sehr gesund, aber leider auch ziemlich teuer. Sie können das Mandelmehl natürlich auch selbst mahlen, aber ich schätze, dass das nicht wirklich günstiger ist — es sei denn, Sie bekommen die Mandeln irgendwo zu einem sehr guten Preis. Diese Pizzas sind sättigender als normale Pizzas und nicht zuletzt deshalb die deutlich gesündere Wahl.

MANDEL-LEINSAMEN-BODEN

Ergibt einen Pizzaboden mit 30 cm Durchmesser. Ein extrem gesundes Rezept.

125 g **Mandelmehl**

125 g **Leinsamenmehl** (die Leinsamen müssen sehr fein gemahlen sein)

2 **Eier**

3 EL natives **Olivenöl** extra vergine

2–3 EL gerebelter **Oregano** oder **Pizzagewürzmischung**

MANDELBODEN

Ergibt einen Pizzaboden mit 23 cm Durchmesser, das Rezept ist aber natürlich beliebig erweiterbar.

125 g **Mandelmehl**

1 **Ei**

1 EL natives **Olivenöl** extra vergine

1 Prise **Meersalz**

Sie können auch noch ½–1 TL **Pizzagewürzmischung** zufügen, dann wird der Boden ausdrucksstärker und würziger.

Diese Pizzaböden lassen sich auch gut zu Knäckebrot verarbeiten. Schmeckt besonders gut mit Rote-Bete-Hummus (siehe S. 186).

Zubereitung

1. Den Backofen auf 180 °C vorheizen. Alle Zutaten für den Pizzaboden in eine Schüssel geben und zu einer Kugel kneten. Den Teig auf einem mit Backpapier ausgelegten Backblech mit der Hand flach drücken. Wenn Sie Ihre Hände mit Öl einreiben, bleibt der Teig nicht daran kleben. Versuchen Sie, den Teig so dünn wie möglich „auszuwalzen".

2. Den Pizzaboden 15–20 Minuten backen, bis die Ränder anfangen, dunkler zu werden. Bereiten Sie in der Zwischenzeit die Knoblauchmascarpone zu, falls Sie den Pizzaboden damit bestreichen möchten.

3. Den Pizzaboden aus dem Ofen nehmen (den Ofen eingeschaltet lassen) und mit der Knoblauchmascarpone bestreichen (alternativ mit Pizzasauce/selbst gemachtem Ketchup bestreichen und ggf. mit Käse belegen. Wenn Sie die Mascarponemischung verwenden, brauchen Sie keinen Käse). Darauf die Tomatenscheiben verteilen und weitere 8–10 Minuten backen.

4. Die Pizza aus dem Ofen holen und eine Handvoll frische Rucola- und Basilikumblätter darauf verteilen.

5. Mit Knoblauchöl beträufeln und heiß servieren.

FÜR DEN BELAG

Knoblauchmascarpone (Rezept auf der nächsten Seite), alternativ Pizzasauce oder selbst gemachtes Ketchup (siehe S. 168)

Tomaten, schön reif, so viel Sie möchten

Rucolasalat, so viel Sie möchten. Wird nach dem Backen auf der Pizza verteilt.

Basilikum, ein paar Blätter nach Geschmack

Knoblauchöl, siehe Rezept S. 175

ggf. **Käse** (falls Sie statt der Mascarpone Pizzasauce oder Ketchup verwenden)

KNOBLAUCHMASCARPONE (ZUM BESTREICHEN DES PIZZABODENS)

Für 1 große Pizza oder 2 kleine Pizzas

1 Becher **Mascarpone** (250 g)

2–3 **Knoblauchzehen**, durch eine Knoblauchpresse gedrückt

Saft von 1 **Zitrone**

Mandel- und Leinsamenmehl gibt es in Bioläden, Reformhäusern und in vielen Bio-Ecken gut sortierter Supermärkte zu kaufen.

Mandeln sind voller Nährstoffe. Sie enthalten jede Menge Vitamin E, Folsäure, Magnesium, Kupfer, Ballaststoffe und Antioxidantien.

Indische Lammkeule

mit Rosinenreis und selbst gemachtem Mango-Chutney

FÜR 4–6 PERSONEN

1 **Lammkeule** (1,6–1,8 kg),
   bratfertig

FÜR DIE MARINADE:

2 **Zwiebeln**

2 EL natives **Olivenöl** extra vergine
   oder **Kokosöl**

8 **Knoblauchzehen**

3 TL gemahlener **Kreuzkümmel**

2 TL gemahlener **Koriander**

2 TL gemahlener **Kurkuma**

2 TL edelsüßes **Paprikapulver**

1 EL **Meersalz**

1 TL **Cayennepfeffer**

1 Becher **griechischer
   Joghurt** (200 g)

ROSINENREIS

250 g **Naturreis**

2 EL **Rosinen**

2 EL **Mandelblättchen**

Zubereitung

1. Den Reis gemäß den Angaben
   auf der Packung kochen.

2. Sobald der Reis gar ist, mit
   den Rosinen und den Mandelblättchen vermengen.

**Zu diesem indischen Gericht
können Sie gut Naanbrot
(siehe S. 174) servieren.**

Zubereitung

1. Die Zwiebeln fein hacken und in eine Pfanne mit
   heißem Öl geben und glasig dünsten.

2. Knoblauch fein hacken, zu den Zwiebeln geben
   und 30 Sekunden unter Rühren weiterbraten.

3. Alle Kräuter und Gewürze hinzugeben und
   umrühren.

4. Die Pfanne von der Flamme nehmen und den
   Joghurt einrühren.

5. Die Lammkeule mit Küchenpapier trocken
   tupfen. Dann mit der Marinade bestreichen.

6. Die marinierte Keule kühl stellen, am besten
   über Nacht.

   **Die Lammkeule je nach Größe 2–2 ½ Stunden
   bei 160 °C im Backofen backen. Prüfen Sie mit
   einem kleinen Schnitt, ob das Fleisch gar ist.**

MANGO-CHUTNEY MIT GRÜNEM CHILI

1 **Mango**

½ grüne **Chilischote** (wer sich traut, kann
   auch eine ganze Schote nehmen)

200 ml **Akazienhonig**

Zubereitung

1. Die Mango schälen und in kleine Stücke
schneiden, die Chilischote fein hacken.

2. Mango, Chili und Honig mit 100 ml Wasser in
einen Topf geben und mindestens eine Stunde
köcheln lassen, bis die Mango zerfällt.

**Servieren Sie das Chutney entweder warm
gleich nach dem Kochen oder kalt, nachdem
Sie es püriert haben.**

Putenburger mit Dinkelbrötchen

Wenn Sie dieses Rezept zubereiten, dann braten Sie am besten gleich ein paar Burger mehr. Eine Putenbrust ergibt in etwa zehn Burger. Wenn Sie nicht alles auf einmal braten möchten, können Sie das angemachte Fleisch in Frischhaltefolie im Kühlschrank aufbewahren oder in einem Gefrierbeutel in der Tiefkühltruhe. Anstelle von Pute können Sie auch Hähnchenfleisch verwenden.

FÜR 10 BURGER

1 kg **Putenbrustfilet** (oder Hühnchenbrustfilet)

1 **Zwiebel**

2 **Knoblauchzehen**

½ grüne **Chilischote**

1 EL eingelegter **Ingwer**

½ TL gemahlener **Kreuzkümmel**

½ TL gemahlener **Koriander**

½ EL **Meersalz**

2 **Eier**

2 EL **Semmelbrösel** (oder gehackte Nüsse, siehe „Frikadellen mit Knoblauch und Basilikum" auf S. 114)

2 EL natives **Olivenöl** extra vergine zum Anbraten

1. Die Putenbrust in Streifen schneiden. Die Zwiebel und die Knoblauchzehen schälen. Die Chilischote waschen und putzen. Die Putenbrust mit der Zwiebel, den Knoblauchzehen, der Chilischote und dem Ingwer durch den Fleischwolf drehen.

2. Das Geflügelhack in die Küchenmaschine geben. Mit Kreuzkümmel, Koriander und Meersalz würzen. Dann die Eier und die Semmelbrösel hinzufügen und mit dem Knethaken gut durchkneten.

3. Aus der Hackfleischmasse 10 Burger formen.

4. Den Backofen auf 175 °C vorheizen.

5. Auf großer Flamme Öl in einer Pfanne erhitzen und die Burger von beiden Seiten kräftig anbraten.

6. Die gebratenen Burger anschließend in einer feuerfesten Form für 7–10 Minuten im heißen Ofen fertig garen.

Mit Guacamole (mexikanischem Avocado-Dip), Knoblauchsauce, Rucolasalat und Süßkartoffel-Pommes-Frites servieren.

DINKEL-HAMBURGERBRÖTCHEN

ERGIBT 4–6 STÜCK

6 g **Trockenhefe**

½ EL **Honig** (am besten flüssig)

35 ml natives **Olivenöl** extra vergine

½ TL **Meersalz**

25 g **Weizenkleie**

75 g grob gemahlenes **Dinkelmehl**

300 g fein gemahlenes **Dinkelmehl**

2 EL **Milch** oder **Reismilch**

1 **Eigelb**

1 EL **Sesamsamen**

1 EL **Kürbiskerne**

1. Die Trockenhefe in 270 ml warmem Wasser (37 °C) in einer Rührschüssel auflösen.

2. Den Honig und das Olivenöl hinzufügen und verrühren.

3. Das Salz und die Weizenkleie hinzufügen. Dann nach und nach beide Dinkelmehlsorten einrühren.

4. Ein warmes Tuch über die Schüssel legen (ich lege das Tuch vorher immer auf die Heizung) und den Teig an einem warmen Ort ca. 50 Minuten gehen lassen, bis er sich verdoppelt hat.

5. Den Teig noch einmal kurz durchkneten, dann in 4–6 Stücke teilen, je nachdem, wie groß die Brötchen werden sollen. Zu Hamburgerbrötchen formen: unten flach und oben gewölbt.

6. Die Brötchen auf ein Blech mit Backpapier legen und mit einer Gabel ein paar Mal hineinstechen.

7. Die Milch mit dem Eigelb verquirlen und die Brötchen damit bestreichen. Anschließend mit den Sesamsamen und Kürbiskernen bestreuen.

8. Die Brötchen mit einem feuchten Tuch bedeckt noch einmal 25 Minuten gehen lassen.

9. Den Backofen auf 190 °C vorheizen.

10. Das Tuch entfernen und das Blech mit den Brötchen in den Ofen schieben. Ca. 10–15 Minuten backen, große Brötchen brauchen etwas länger.

SÜSSKARTOFFEL-POMMES-FRITES

FÜR 4–6 PERSONEN

- 4–6 **Süßkartoffeln**
- 2 EL natives **Olivenöl** extra vergine
- 1 TL **Meersalz**

1. Die Süßkartoffeln waschen, schälen und in dünne Schnitze (Fritten) schneiden.
2. Die Kartoffelschnitze im Olivenöl schwenken und salzen.
3. Im heißen Backofen bei 175 °C auf dem obersten Rost ca. 25 Minuten kross backen.

GUACAMOLE siehe Rezept auf S. 120.

KNOBLAUCHSAUCE

- 1 Becher **saure Sahne** (200 g)
- 1–2 EL selbst gemachte **Mayonnaise** (siehe S. 171) oder eine fettreduzierte Alternative
- 1 **Knoblauchzehe**, gepresst
- **Meersalz** und frisch gemahlener **schwarzer Pfeffer**

Alle Zutaten gut miteinander verrühren.

Kebab-Bällchen
mit Feigenreis und Apfel-Joghurt-Sauce

Es ist wunderbar, mit einem Koch verheiratet zu sein, der aus dem, was wir zufällig gerade im Kühlschrank haben, ein leckeres Gericht zaubern kann. So sind eines Dienstags diese Kebab-Bällchen entstanden. Da wir alle sie ausgesprochen gern essen, gibt es sie seitdem regelmäßig.

Am besten setzen Sie zuallererst den Reis auf, er braucht nämlich 45 Minuten.

FÜR 4—6 PERSONEN

1 kg **Rinderhack**
2 **Eier**
2—3 TL **Meersalz**
2 **Zwiebeln**
4 **Knoblauchzehen**
2 EL natives **Olivenöl** extra vergine
3 TL gemahlener **Kreuzkümmel**
2 TL gemahlener **Kurkuma**
2 TL gemahlener **Koriander**

Zubereitung

1. Den Backofen auf 230 °C vorheizen.

2. Rinderhack mit Eiern und Salz in einer großen Schüssel vermengen.

3. Die Zwiebeln und den Knoblauch fein hacken.

4. Auf mittlerer Flamme das Öl in einem großen Topf erhitzen. Die Zwiebeln darin glasig dünsten. Den Knoblauch hinzufügen und 30 Sekunden mitbraten. Passen Sie auf, dass die Zwiebeln nicht anbrennen!

5. Mit Kreuzkümmel, Kurkuma und Koriander würzen und 1 Minute unter Rühren weiterbraten. Dann in die Schüssel zu dem Hackfleisch geben.

6. Die Hackfleischmasse gut durchkneten und dann zu Bällchen formen (etwas größer als Golfbälle).

7. Die Kebab-Bällchen auf ein Backblech mit Backpapier legen und 15—20 Minuten im heißen Ofen backen. Brechen Sie ein Bällchen auseinander, um zu prüfen, ob es gar ist. Nicht zu lange backen, sonst werden die Kebab-Bällchen trocken.

FEIGENREIS MIT CASHEWKERNEN

FÜR 4—6 PERSONEN

240 g **Naturreis**
1 EL **Kokosöl**
3—4 getrocknete **Feigen**
100 g **Cashewkerne**, alternativ **Mandeln**

Zubereitung

1. Den Reis mit dem Kokosöl und 800 ml Wasser aufsetzen und köcheln lassen, bis der Reis gar ist (in der Regel dauert das 45 Minuten, halten Sie sich aber an die Hinweise auf der Verpackung).

2. Die Feigen in schmale Streifen schneiden und in den Reis einrühren, sobald er gar ist (dadurch werden die Feigen weich).

3. Die Nüsse halbieren oder grob hacken und kurz vor dem Servieren in den Reis rühren.

APFEL-JOGHURT-SAUCE

1 Becher **griechischer Joghurt** (200 g)
1 TL gemahlener **Kreuzkümmel**
½ TL **Meersalz**
1 **Apfel**, gewaschen und in kleine Stücke geschnitten (mit Schale)

Alle Zutaten gut miteinander verrühren.

Probieren Sie auch mal Naanbrot (S. 174), Mango-Chutney (S. 100) oder Dattelmus (S. 158) als Beilage zu diesem Gericht!

Hähnchenhappen mit Honigsauce

das Lieblingsgericht aller Kinder

Wenn diese Hähnchenhappen auf dem Tisch stehen, wird um jeden Bissen gekämpft. Die Kinder lieben diese Happen, die an gewöhnliche Hähnchen-Nuggets erinnern, aber aus frischen und hochwertigen Zutaten gemacht und viel gesünder sind. Gekaufte Nuggets enthalten viel Fett, Sehnen und sogar Knorpel, außerdem Füllstoff, Salz und Zusatzstoffe. Die Kinder tunken die Hähnchenhappen gerne in das selbst gemachte Ketchup von S. 168. Erwachsene mögen vielleicht eine etwas kräftigere Chilisauce dazu.

FÜR 4 PERSONEN

700 g **Hähnchenfilet** oder 4 **Hähnchenbrustfilets**

FÜR DIE PANADE:

150 g **Cornflakes** (es gibt auch zucker- und
    glutenfreie Cornflakes)
2 EL natives **Olivenöl** extra vergine
60 g **Mehl** (Weizenvollkornmehl, Dinkelmehl, eine
    glutenfreie Mischung oder Buchweizen)
1 großes **Ei** (oder zwei kleine)
Meersalz und frisch gemahlener **schwarzer Pfeffer**

HONIGSAUCE

1 Becher **saure Sahne** (10 % Fett), ca. 200 g
1 ½ EL **Dijon-Senf**
1 EL **Akazienhonig**
Meersalz und frisch gemahlener **schwarzer Pfeffer**

Alle Zutaten gut verrühren und in einem Schälchen als Dip servieren. Viele Kinder mögen keinen Senf – dann können Sie ihn auch einfach weglassen. Oder Sie bieten von vornherein statt der Honigsauce selbst gemachtes Ketchup an (siehe S. 168).

Falls jemand mit Laktoseintoleranz mitisst, können Sie statt der sauren Sahne selbst gemachte Mayonnaise (siehe S. 171) oder eine fettreduzierte gekaufte Alternative verwenden.

Zubereitung

1. Die Hähnchenfilets jeweils in 4–5 Stücke schneiden.

2. Den Backofen auf 250 °C vorheizen.

3. In der Küchenmaschine die Cornflakes zerkleinern.

4. Jetzt brauchen Sie drei tiefe Teller: einen für das Mehl, einen für das Ei und einen für die Cornflakes. Das Mehl mit Salz und Pfeffer würzen – ruhig kräftig!

5. Das Ei kurz mit einer Gabel verquirlen.

6. Die Cornflakes mit dem Olivenöl vermischen.

7. Ein Backblech mit Backpapier bereitstellen.

8. Nun die Geflügelstücke einzeln panieren. Wälzen Sie das Stück zuerst im Mehl, ziehen Sie es dann durch das Ei (gut abtropfen lassen!) und wälzen Sie es zuletzt in den Cornflakes. Die panierten Stücke auf das Backblech legen.

9. Auf dem mittleren Rost 10–15 Minuten backen. Wenn die Stücke nach der Hälfte der Backzeit goldbraun geworden sind, mit einer Zange umdrehen und auf der anderen Seite weiterbacken.

Hähnchensalat

mit Feigen, Feta und warmen Pekannüssen

FÜR 4 PERSONEN

4 Hähnchenbrustfilets

FÜR DIE MARINADE

2 EL **Honig**
4 EL **Balsamicoessig**
4 EL natives **Olivenöl**
   extra vergine
3 **Knoblauchzehen**
½ rote **Zwiebel**
6–8 getrocknete **Feigen**

Zubereitung

1. Den Honig mit dem Balsamicoessig und dem Olivenöl verquirlen. Die Knoblauchzehen hineinpressen, die Zwiebel fein hacken und unterrühren.

2. Die Marinade in einer feuerfesten Form über die Filets gießen.

3. Die Feigen jeweils in 4–6 Stücke schneiden und über die Filets streuen. Ca. 2 Stunden ruhen lassen.

4. Die Form in den Ofen schieben und 20 Minuten bei 180 °C backen. Nach 10 Minuten die Filets umdrehen. Prüfen Sie mit einem Messer, ob die Filets durch sind.

FÜR DEN SALAT

250 g **Pflaumentomaten**
1 rote **Paprika**
1 **Avocado**
250 g **Feta**
1 Bund **Rucolasalat** oder eine Packung Salat
   (ca. 200 g)
1 **Kopfsalat** oder eine Packung gemischter
   Blattsalat (ca. 200 g)
100 g **Pekannüsse**, in einer Pfanne
   oder im Ofen geröstet
Saft einer Zitrone
2 EL natives **Olivenöl** extra vergine
Meersalz und frisch gemahlener
   schwarzer Pfeffer

Zubereitung

1. Die Tomaten und die Paprika waschen, putzen und vierteln. Die Avocado schälen, würfeln und mit Zitronensaft beträufeln, damit sie nicht braun wird. Den Feta würfeln. Die Salate waschen und trocken schütteln. Das Gemüse und den Käse vorsichtig mit dem Salat in einer großen Schüssel vermengen. Wer gerne mehr Sauce mag, rührt aus dem Olivenöl und 1 TL Zitronensaft, etwas Salz und Pfeffer ein frisches Dressing.

2. Die gebackenen Hähnchenbrustfilets in Streifen schneiden und auf dem Salat anrichten. Den Salat mit dem Olivenöldressing beträufeln.

3. Zuletzt die gerösteten Pecannüsse über den Salat streuen.

Chili sin Carne
mit Avocado-Limetten-Salsa

So persönlich wie dieses Familienkochbuch geworden ist, führt kein Weg am Lieblingsgemüsegericht der Kinder vorbei: Chili sin Carne. Das Rezept ist von Sólveig Eiríksdóttir, die mit großem Erfolg Islands erstes Rohkostrestaurant führt und den Isländern seit Jahren zeigt, wie man gesund isst. Chili sin Carne ist ein perfektes Rezept für all diejenigen, die es nicht gewohnt sind, vegetarisch zu essen. Aber auch für Kinder, die sehr mäkelig sind und Ungeliebtes gern aussortieren – dieses Gericht mögen wirklich alle! Einfach das gebratene Gemüse mit Salsa und Sauce in Tortillas füllen und genießen ...

FÜR 4–6 PERSONEN

8–12 **Maismehltortillas**

1 Dose **Kidneybohnen** (400 g) oder
    250 g getrocknete Bohnen

1 Stück **Kombu** (essbarer Seetang, falls Sie ge-
    trocknete Bohnen verwenden möchten;
    ich brauche ihn nicht, da ich vorgekochte
    Bohnen verwende)

2–3 **Zwiebeln**

3–4 **Knoblauchzehen**

½–1 frische **Chilischote**

3–4 **Karotten**

2 **Selleriestangen**

1 rote **Paprika**

1 große **Süßkartoffel**

2–3 EL natives **Olivenöl** extra vergine

1 ½ TL gemahlener **Kreuzkümmel**

¼ TL **Zimt**

½ Bund **Basilikum** (wer mag)

1 EL frisch gepresster **Zitronensaft**

165 ml **Kokosmilch**

6–8 EL **Tomatenmark**

Meersalz und frisch gemahlener **schwarzer Pfeffer**

ggf. **Naturjoghurt** zum Servieren

SAUCE

Besonders gut schmeckt es, wenn Sie als krönenden Abschluss einen Klacks Joghurt auf die gefüllten Tortillas geben.

Zubereitung

1. Falls Sie keine vorgekochten Bohnen verwenden, weichen Sie die Bohnen über Nacht in Wasser ein. Am nächsten Tag abspülen, mit der doppelten Menge Wasser und einem Stück Kombu in einen Topf geben und 1 Stunde kochen, bis die Bohnen weich sind. Abtropfen lassen. Verwenden Sie die Bohnen aus der Dose, diese bitte ebenfalls abtropfen lassen.

2. Die Zwiebeln in feine Ringe schneiden. Die Knoblauchzehen hacken oder durch eine Knoblauchpresse drücken.

3. Die Chilischote waschen, halbieren, putzen und klein schneiden.

4. Die Karotten waschen, putzen und diagonal in Streifen schneiden.

5. Die Selleriestangen in 0,5 cm große Stücke schneiden (die Stücke sollten keinesfalls zu groß sein!)

6. Die Paprika halbieren, putzen und in 2 cm große Stücke schneiden.

7. Die Süßkartoffel schälen, halbieren und in 0,5 cm dicke Scheiben schneiden.

8. In einem Topf bei mittlerer Temperatur Zwiebel, Knoblauch und Chili ca. 10 Minuten im Öl dünsten, bis die Zwiebel glasig wird.

9. Die Kräuter und Gewürze zugeben und gut umrühren.

10. Dann das Gemüse unterrühren.

11. Den Zitronensaft, die Kokosmilch und das Tomatenmark zufügen und kurz umrühren, bevor Sie die Bohnen in den Topf geben. 15 Minuten köcheln lassen.

12. Mit Meersalz und frisch gemahlenem schwarzem Pfeffer abschmecken.

[110]

AVOCADO-LIMETTEN-SALSA

1 reife **Avocado**
½ rote **Zwiebel**
¼ Bund frischer **Koriander**
1 **Limette**
1 EL natives **Olivenöl** extra vergine
ein paar Tropfen **Tabasco**
Meersalz und frisch gemahlener **schwarzer Pfeffer**

1. Die Avocado schälen, den Stein entfernen und das Fruchtfleisch in kleine Würfel schneiden.
2. Die Zwiebel und den Koriander fein hacken und mit den Avocadostücken vermengen.
3. Die Limette auspressen und den frischen Saft über die Avocadostücke gießen, so werden sie nicht braun. Mit Tabasco, Salz und Pfeffer würzen. Vor dem Servieren noch einmal gut umrühren.

Hähnchenwraps

Diese Wraps sind köstlich und es macht allen großen Spaß, sie am Tisch ganz nach Lust und Laune zu befüllen. Dieses Gericht steht bei uns regelmäßig auf dem Speiseplan, daher haben wir schon alle möglichen Varianten ausprobiert. Zu meinen Favoriten gehören Avocado und Cashewkerne unbedingt dazu, und auch Zwiebeln, die das Ganze geschmacklich abrunden. Die Kinder haben meist keine große Lust auf Zwiebeln und nehmen stattdessen lieber die doppelte Portion Gurken. Glutenfreie Wraps sind oft relativ empfindlich und reißen schnell ein. Als deutlich strapazierfähigere Alternative bietet sich glutenfreies Pfannenbrot an (siehe S. 173).

FÜR 4 PERSONEN

- 8–12 **Wraps** (oder Pfannenbrot, ggf. aus Dinkel-, Weizenvollkorn- oder glutenfreiem Mehl)
- 3–4 **Hähnchenbrustfilets**
- ½–1 **Gurke**, einmal längs halbiert und dann in Scheiben geschnitten
- ½–1 **rote Zwiebel**, fein gehackt
- 1 **rote Paprika**, in kleine Würfel geschnitten
- 1 große reife **Avocado**, oder 2 kleine, in Würfel geschnitten
- 1 Tüte **Cashewkerne** (ca. 100 g)
- 1 Tüte **Rucolasalat**
- 2–3 EL natives **Olivenöl** extra vergine zum Anbraten
- **Naturreis**, z. B. die Reste vom Vorabend (kann man weglassen)
- **Meersalz** und frisch gemahlener **schwarzer Pfeffer**

FÜR DIE SAUCE:

- 1 Becher **saure Sahne** (200 g)
- 1 ½ TL **Curry**
- 1 EL **Akazienhonig** (im Grunde können Sie jeden Honig verwenden; flüssiger Honig lässt sich am leichtesten unterrühren)
- 1 Prise **Meersalz** (kann man weglassen)

Zubereitung

1. Den Backofen auf 180 °C vorheizen.

2. Die Hähnchenbrustfilets salzen und pfeffern.

3. Das Gemüse waschen, putzen, klein schneiden und in Schälchen auf den Tisch stellen. Salat und Cashewkerne kommen ebenfalls jeweils in ein Schälchen. So kann sich jeder die Füllung für seinen Wrap selbst zusammenstellen und die Nüsse verschwinden nicht ganz unten in der Salatschüssel.

4. In einer Pfanne die Hähnchenbrustfilets im heißen Öl auf beiden Seiten 3–5 Minuten braten.

5. Die Filets in der Pfanne oder in einer feuerfesten Form in den Ofen schieben und 10–15 Minuten backen. Testen Sie mit einem kleinen Schnitt, ob das Geflügel durch ist. Wenn Sie die Filets klein schneiden und gleich in Stücken braten, können Sie diesen Schritt überspringen – in der Kombination Pfanne plus Ofen werden sie allerdings am saftigsten.

6. Während das Fleisch im Ofen ist, bereiten Sie am besten die Sauce zu. Das geht ganz einfach: Die saure Sahne mit dem Curry, dem Honig und dem Salz in eine Schüssel geben und gut miteinander verrühren.

7. Die Wraps in einer oder besser gleich zwei Pfannen aufwärmen. Dafür brauchen Sie kein Fett, aber passen Sie gut auf, dass die Brote nicht anbrennen.

8. Falls vorhanden, Reis auf die Wraps geben und ebenfalls erwärmen.

9. Die Hähnchenbrustfilets klein schneiden und auf einem Teller oder in der Pfanne auf den Tisch stellen.

10. Dann kann es losgehen: Jeder bekommt einen warmen Wrap auf seinen Teller und belegt ihn nach Herzenslust mit Gurke, Paprika, Zwiebeln, Hähnchen und Avocado. Ein paar Nüsse darüberstreuen, einen Klacks Sauce und eine Handvoll Rucolasalat, den Wrap aufrollen und genießen …

Für dieses Gericht braucht man flinke Hände, damit die Wraps nicht auseinanderfallen. Je länger man braucht, desto brüchiger werden sie.

Frikadellen

mit Knoblauch und Basilikum (Kjötbollur)

Besonders lecker schmecken diese Fleischbällchen mit dem selbst gemachten Ketchup von S. 168. Wenn Sie keine Zeit haben, die Sauce selbst zuzubereiten, empfehle ich Pastasauce aus dem Bioladen. Serviert werden die Frikadellen mit Kartoffeln, Dinkel- oder Vollkornspaghetti. Da die Frikadellen in der Regel reißenden Absatz finden, ist dieses Rezept großzügig bemessen. Falls doch etwas übrig bleiben sollte (was ich stark bezweifle), haben Sie gleich schon einen prima Snack für den nächsten Tag.

FÜR 4 PERSONEN

700 g **Rinderhack**

ca. 250 g gemischte **Nüsse/Kerne** (z. B: Cashewkerne, Haselnüsse, geschälte Mandeln, Walnüsse, Paranüsse)

3–4 **Knoblauchzehen**

½ Bund frisches **Basilikum**

½ TL **Paprikapulver**

2 **Eier**

Meersalz und frisch gemahlener **schwarzer Pfeffer**

2–3 EL **Kokosöl** oder natives **Olivenöl** extra vergine zum Anbraten

Servieren Sie die Frikadellen mit selbst gemachtem Ketchup (siehe S. 168) oder einer guten (Bio-)Pastasauce, gekochten Kartoffeln oder Spaghetti aus Dinkel-/ Vollkornweizenmehl und Salat.

Zubereitung

1. Das Hackfleisch in eine Rührschüssel geben.

2. Die Nüsse und Kerne in der Küchenmaschine fein mahlen und zum Hackfleisch geben. Das Nussmehl ersetzt die Semmelbrösel, mit denen Frikadellen normalerweise gemacht werden.

3. Die Knoblauchzehen und das Basilikum in der Küchenmaschine oder mit dem Stabmixer pürieren und zum Hackfleisch geben.

4. Das Paprikapulver und die Eier zugeben, nach Geschmack salzen und pfeffern und alles gut vermengen. Ich nutze dafür die Küchenmaschine, es funktioniert aber natürlich auch mit den Händen. Wichtig ist bloß, dass alles gut vermischt ist.

5. Den Backofen auf 200 °C vorheizen.

6. Aus der Hackmischung Bällchen formen (in etwa so groß wie Golfbälle) und bei mittlerer Temperatur kurz in Öl anbraten.

7. Sobald die Frikadellen leicht gebräunt sind, auf ein Backblech mit Backpapier legen und 10 Minuten im Ofen fertig backen. Lassen Sie die Frikadellen nicht zu lange im Ofen, sonst werden sie trocken.

Das Raffinierte an diesem Rezept ist, dass statt Semmelbröseln gemahlene Nüsse verwendet werden — dadurch sind die Frikadellen glutenfrei. Nussmehl ist auch in vielen anderen Rezepten eine gute Alternative zu Paniermehl & Co.

Lachs

mit Meerrettichsauce, Zitrone und Gerstenkörnern

FÜR 4 PERSONEN

1 kg **Lachsfilet**

1 **Zitrone**

Butter zum Braten

2 EL **Kapern** (kann man weglassen)

300 g **Gerstenkörner**

1 EL gekörnte **Hühnerbrühe**

3 **Knoblauchzehen**

FÜR DIE SAUCE:

1 Becher **griechischer Joghurt** (200 g)

80 g **Meerrettich**, fein geraspelt

2 EL **Honig** oder 1 EL **Agavendicksaft**

Meersalz und frisch gemahlener **schwarzer Pfeffer**

Zubereitung

1. Die Gerste nach Anleitung auf der Packung weich kochen. In das Kochwasser die Hühnerbrühe und den Knoblauch geben.

2. Den Lachs in vier Stücke teilen, mit Salz und Pfeffer würzen. Die Zitrone auspressen und den Fisch mit dem Saft beträufeln. In der heißen Pfanne 2–3 Minuten bei mittlerer Temperatur in Butter rosig braten.

3. Die Kapern kurz vor dem Servieren in die Pfanne geben.

MEERRETTICHSAUCE

Den griechischen Joghurt, den Meerrettich und den Honig oder Agavendicksaft in eine Schale geben, mit Salz und Pfeffer würzen und gut umrühren. Mit Zitrone servieren.

Gerste passt hervorragend zu Fleisch und Fischgerichten. Auch in Grütze, Salat, Suppe und im Eintopf macht sich das Getreide gut — es passt überall da, wo sonst Reis als Beilage serviert wird. Gekocht wird Gerste wie Naturreis, 40 Minuten in der dreifachen Menge Wasser. Nur einen Haken hat das Getreide: Es enthält Gluten, daher sollten Menschen mit Glutenunverträglichkeit lieber beim Naturreis bleiben.

Lachstatar (Vorspeise)

mit Avocado und Mango

FÜR 4 PERSONEN

400 g ganz frischer **Lachs**

½ reife **Avocado**

100 g **Mango**

2 **Eier**, hartgekocht

2 ½ EL **Schalotten**, fein gehackt

2 EL frischer **Koriander**, fein gehackt

1 **Limette**

3 EL **Sojasauce** (am besten Tamari, die ist glutenfrei und ohne gentechnische Veränderungen)

1 EL **Sesamöl**

Meersalz und frisch gemahlener **schwarzer Pfeffer**

Toast oder **Knäckebrot** zum Servieren

Zubereitung

1. Die Avocado schälen, entkernen, die Mango ebenfalls schälen, die Eier pellen.

2. Lachs, Avocado, Mango und die Eier in kleine Stücke schneiden und in einer Schüssel mit den Schalotten und dem Koriander vermengen.

3. Die Limette auspressen. Limettensaft, Sojasauce und das Sesamöl hinzugeben und das Tatar mit Salz und Pfeffer würzen. Alles gut vermengen und für mindestens 1 Stunde im Kühlschrank marinieren lassen.

4. Mit Toast oder Knäckebrot servieren.

Mexikanische Party
Chili con Carne mit Tortillachips und Guacamole

Diese mexikanischen Leckereien mögen Kinder und vor allem Jugendliche gern. Kinder, die noch nie Guacamole gegessen haben, trauen sich manchmal nicht so recht, das „grüne Zeug" zu probieren. Geben Sie Ihren Kindern unbedingt trotzdem die Chance, Guacamole zu kosten, denn meist schmeckt sie ihnen auf Anhieb gut. Noch dazu ist Avocado extrem gesund. Bei den Tortillachips sollten Sie unbedingt einen Blick auf die Zutatenliste werfen – die Inhaltsstoffe sind von Hersteller zu Hersteller sehr verschieden. Und achten Sie darauf, dass die Kinder nicht nur die Chips futtern ...

FÜR 4–6 PERSONEN

1 große Packung **Tortillachips** (ca. 250 g)
1 kg **Rinderhack**
2 **Zwiebeln**
2–3 **Knoblauchzehen**
2 EL natives **Olivenöl** extra vergine
250 ml **Rotwein** (kann man weglassen)
2 Dosen stückige **Tomaten**
(jeweils 400 ml)
3 EL **Tomatenmark**
1–2 rote **Chilischoten**, fein gehackt
1 TL gemahlener **Kreuzkümmel**
1 TL gemahlener **Koriander**
⅓ TL **Zimt**
1 EL **Worcestershiresauce**
2 TL gekörnte **Rinderbrühe**
Meersalz und frisch gemahlener
schwarzer Pfeffer
1 Dose **Kidneybohnen** (ca. 400 g)
1 Bund frischer Koriander

Zubereitung

1. Die Zwiebeln schälen und hacken. Den Knoblauch pressen. In einem großen Topf das Öl auf mittlerer Flamme erwärmen und die Zwiebel und den Knoblauch darin dünsten.

2. Die Temperatur reduzieren und das Hackfleisch zugeben. Unter Rühren gleichmäßig anbraten.

3. Falls Sie Rotwein verwenden, geben Sie ihn jetzt in den Topf. 2–3 Minuten kochen lassen.

4. Die Tomaten, das Tomatenmark, den Chili, den Kreuzkümmel, den Koriander, den Zimt, die Worcestershiresauce und die Rinderbrühe in den Topf geben. Mit Salz und Pfeffer würzen.

5. Mit Deckel bei niedriger Temperatur eine Stunde köcheln lassen. Ab und zu umrühren.

6. Den Koriander hacken und mit den Bohnen zum Chili geben. Weitere 10 Minuten sanft köcheln lassen, bis die Bohnen heiß sind.

Mit Guacamole, saurer Sahne und Tortillachips (gibt es auch in Bioqualität mit Meersalz) servieren. Mit frischem Gemüse angereichert, ist diese Sauce auch eine leckere Füllung für Tacos oder Wraps.

GUACAMOLE

1 reife **Avocado**
⅓ **Zwiebel**, fein gehackt
1 **Knoblauchzehe**, gepresst
⅓ **Chilischote**, fein gehackt
Saft von ½ **Zitrone**
Meersalz und frisch gemahlener
schwarzer Pfeffer

Zubereitung

Avocado schälen und den Stein entfernen. Das Fruchtfleisch mit einer Gabel zerdrücken und mit den anderen Zutaten vermengen.

Pasta

Nudeln selbst zu machen ist eine feine Sache. Und immer etwas Besonderes – vor allem, wenn man gute Freunde zum Essen einlädt. Die Kinder können natürlich mitmachen. Besonders viel Spaß macht es ihnen, wenn der Teig von Hand zu Hand durch die Küche wandert. Es dauert zwar eine Weile, bis man den Dreh raus hat, aber wie immer macht Übung den Meister. Wenn Sie noch nie Pasta selbst hergestellt haben, wird es höchste Zeit, es auszuprobieren! Mit dem passenden Aufsatz lassen sich viele Küchenmaschinen ruck, zuck in Nudelmaschinen umwandeln – damit gibt es dann wirklich keine Ausreden mehr!

GRUNDREZEPT

FÜR 4 PERSONEN

550 g **Mehl**
4 **Eier**
6 **Eigelb**
1 TL natives **Olivenöl** extra vergine
1 TL **Meersalz**
1 TL **Kurkuma** (für eine schöne Nudelfarbe)

Zubereitung

1. Alle Zutaten in die Rührmaschine geben und 3 Minuten gut durchkneten.
2. Ggf. den Teig noch einmal mit den Händen gut durchkneten und dann zu einer festen Kugel formen.
3. Die Teigkugel in Frischhaltefolie einwickeln und 1 Stunde kühl stellen.

DINKELPASTA

FÜR 4 PERSONEN

550 g fein gemahlenes **Dinkelmehl**
4 **Eier**
6 **Eigelb**
2 EL **Wasser**
1 TL natives **Olivenöl** extra vergine
1 TL **Meersalz**
1 TL **Kurkuma** (für eine schöne Nudelfarbe)

Zubereitung siehe Grundrezept.

NUDELN SELBST HERSTELLEN

1. Den Teig in vier Portionen teilen und mit Mehl bestreuen.

2. Mit den Händen den Teig ein wenig platt drücken, dann durch die Nudelmaschine laufen lassen. Die Maschine sollte auf der gröbsten Einstellung stehen. Dann den Teig wie auf Bild 2 falten und mit Mehl bestreuen.

3. Stellen Sie die Maschine auf die nächste Stufe und lassen Sie den Teig durchlaufen. Das wiederholen Sie, bis die 5. Stufe erreicht ist und der Teig die richtige Dicke hat.

4. Bestreuen Sie die Arbeitsfläche mit Mehl, bevor Sie den ausgewalzten Teig dort ablegen. Am besten arbeiten Sie zunächst mit zwei Teigsträngen. Achtung: Wenn Sie Tagliatelle machen wollen (Rezept siehe S. 132), müssen Sie an dieser Stelle den entsprechenden Aufsatz verwenden, wie auf dem Bild auf S. 130 zu sehen ist.
Möchten Sie Lasagneblätter machen, schneiden Sie den Teig nun in entsprechend große Stücke. Die Blätter müssen nicht vorgekocht werden. Schichten Sie sie einfach mit den übrigen Zutaten des Lasagnerezepts in eine feuerfeste Form.

5. Für Ravioli: Geben Sie in regelmäßigen Abständen einen Löffel Füllung auf einen der Teigstränge. Den Teig rund um die Füllung mit einem Finger etwas anfeuchten, damit der zweite Teigstrang dort „kleben" bleibt.

6. Dann den zweiten Teigstrang darauflegen und rund um die Füllungen fest zusammendrücken.

7. Mit einem Nudel- oder Pizzaschneider die Ravioli zurechtschneiden.

8. In einem großen Topf Wasser zum Kochen bringen. Olivenöl und Meersalz in das Nudelwasser geben. Die Ravioli vorsichtig ins Wasser gleiten lassen und 3 Minuten kochen. Fischen Sie eine Nudel aus dem Wasser, um zu testen, ob die Ravioli durch sind.

Nudeln zu machen mag zunächst kompliziert erscheinen, doch mit ein bisschen Übung hat man den Dreh schnell raus. Zu den Nudeln noch eine gute Sauce, zum Beispiel selbst gemachtes Ketchup, eine Handvoll Parmesan — und schon ist das Gericht fertig! Wer möchte, kann als Beilage noch frisch gebackenes Brot servieren.

(8)

VERSCHIEDENE FÜLLUNGEN

FÜR 4 PERSONEN

SPINAT UND MASCARPONE

80 g frischer **Spinat**

250 g **Mascarpone**

½ TL rote **Chilischote**, geputzt und klein geschnitten

½ **Knoblauchzehe**, gepresst oder fein gehackt

Saft von ½ **Zitrone**

Meersalz und frisch gemahlener **schwarzer Pfeffer**

50 g **Parmesan**, zum Servieren frisch über die Nudeln gerieben

Zubereitung

1. Den Spinat waschen, putzen (Stiele entfernen) und kurz in kochendem Salzwasser blanchieren. Mit kaltem Wasser abschrecken. Die Blätter danach gut abschütteln oder auswringen.

2. Den Spinat hacken und mit dem Mascarpone, der Chili und Zitronensaft vermengen.

3. Anschließend salzen und pfeffern.

4. Die Füllung wie auf S. 125 beschrieben auf dem Nudelteig verteilen.

SÜSSKARTOFFELN, MASCARPONE UND WALNÜSSE

1 große **Süßkartoffel**

2 EL natives **Olivenöl** extra vergine

250 g **Mascarpone**

10 **Basilikumblätter**, fein gehackt

Saft von ½ **Zitrone**

40 g **Walnüsse**

Meersalz und frisch gemahlener **schwarzer Pfeffer**

50 g **Parmesan**, zum Servieren frisch über die Nudeln gerieben

1. Den Ofen auf 200 °C vorheizen.

2. Die Süßkartoffel schälen, in Schnitze schneiden und auf ein Backblech mit Backpapier legen.

3. Die Kartoffelschnitze mit Olivenöl einpinseln und in den Ofen schieben.

4. Nach 12 Minuten den Ofen ausschalten und die Kartoffeln weitere 10 Minuten im geschlossenen Ofen lassen.

5. Die gegarten Kartoffeln in der Küchenmaschine pürieren. Mascarpone, Basilikum und Zitronensaft zugeben und weiter pürieren. Mit Salz und Pfeffer abschmecken.

6. Die Walnüsse hacken und mit einem Löffel unterrühren.

7. Die Füllung wie auf S. 125 beschrieben auf dem Nudelteig verteilen.

LAKTOSEFREIE FÜLLUNG (OHNE KÄSE)

KÜRBIS, SPINAT UND WALNÜSSE

500 g **Kürbis**
3 EL natives **Olivenöl** extra vergine
10 **Basilikumblätter**, fein gehackt
Saft von ½ **Zitrone**
200 g frischer **Spinat**
40 g **Walnüsse**, gehackt
Meersalz und frisch gemahlener
schwarzer **Pfeffer**

Anstelle von Kürbis können Sie auch Süßkartoffeln verwenden.

Mit selbst gemachtem Ketchup (siehe S. 168) oder einer guten Pastasauce aus dem Bioladen servieren.

1. Den Backofen auf 200 °C vorheizen.
2. Den Kürbis waschen, putzen, in Würfel schneiden und auf ein Blech mit Backpapier legen.
3. Die Kürbiswürfel mit Olivenöl einpinseln und in den Ofen schieben.
4. Nach 12 Minuten den Ofen ausschalten und den Kürbis weitere 10 Minuten im geschlossenen Ofen lassen. Anschließend den Kürbis in der Küchenmaschine pürieren. Die Basilikumblätter und den Zitronensaft zugeben und mit dem Kürbispüree vermengen. Das Püree mit Salz und Pfeffer abschmecken.
5. Den Spinat waschen, putzen (Stiele entfernen), kurz blanchieren und eiskalt abschrecken. Die Blätter gut abschütteln oder auswringen.
6. Den Spinat hacken und mit dem Kürbis vermengen. Mit Salz und Pfeffer abschmecken.
7. Die Walnüsse hacken und mit einem Löffel unter die Kürbis-Spinat-Mischung heben.
8. Die Füllung wie auf S. 125 beschrieben auf dem Nudelteig verteilen.

Tagliatelle
mit Tomaten und selbst gemachtem Pesto

Auch wenn wir nicht täglich Nudeln essen sollten — ab und zu sind einfache Kohlenhydrate, Süßes, Frittiertes und andere ungesunde Leckereien völlig in Ordnung. Das Problem ist: Lebensmittel wie weiße Nudeln, die früher aufwändig in der Produktion und demensprechend teuer waren, werden einem heute quasi nachgeworfen. Da ist die Versuchung natürlich groß, sich täglich von Nudeln und Co. zu ernähren. Hier hilft Michael Pollans Rat: „Gönnen Sie sich solche Leckereien so oft, wie Sie Lust haben, sie selbst (von Grund auf) zuzubereiten. Sehr wahrscheinlich wird das nicht täglich sein."

FÜR 4 PERSONEN

FUR DAS PESTO

1–2 **Knoblauchzehen**

20 g **Pinienkerne**

1 Bund frisches **Basilikum**

½ Bund frische **Petersilie**

150 ml natives **Olivenöl**
    extra vergine

4 EL frisch geriebener **Parmesan**

Meersalz und frisch gemahlener
    schwarzer Pfeffer

400 g **Tagliatelle** (z. B. selbst ge-
    machte Tagliatelle, siehe S. 122)

3 **Tomaten**

Zubereitung

1. Die Knoblauchzehen schälen und mit den Pinienkernen und einer Prise Salz in der Küchenmaschine pürieren.

2. Das Basilikum, die Petersilie und das Olivenöl nach und nach zugeben, bis eine dickflüssige, cremige Masse entsteht.

3. Den Parmesan und den Pfeffer zugeben und weiterrühren.

4. 400 g Nudeln in Salzwasser kochen (z. B. selbst gemachte Tagliatelle) und gut abtropfen lassen.

5. Die Tomaten klein schneiden. Die Nudeln und Tomaten auf vier Teller verteilen und einen Klacks Pesto darauf geben.

6. Falls noch Pinienkerne übrig sind, können Sie zum Servieren ein paar Kerne über die Nudeln streuen.

Frische Nudeln müssen nur sehr kurz gekocht werden. Am besten angeln Sie sich eine Nudel aus dem Topf, um zu prüfen, ob sie fertig sind.

Hähnchenbrust in Pekannusskruste

mit Birnen-Rucolasalat

Wer fein gemahlenes Mehl in seiner Ernährung reduzieren oder sogar ganz vom Speiseplan streichen möchte, merkt schnell, dass fast überall Mehl drin ist. Das gilt zum Beispiel auch für die knusprige Panade um Fleisch oder Fisch. In diesem Rezept ist sie aus Pekannüssen gemacht — denn mit Kruste schmeckt Hähnchen doch immer noch am besten.

FÜR 4 PERSONEN

4 **Hähnchenbrustfilets**

FÜR DIE PANADE

5 EL **Dijon-Senf** (oder ein anderer Senf)
2 EL **Honig**
100 g **Pekannüsse**
Fett zum Fetten der Ofenform
½ TL **Meersalz**

Zubereitung

1. Den Backofen auf 180 °C vorheizen.

2. Den Senf und den Honig auf einem Suppenteller verrühren.

3. Die Nüsse in der Küchenmaschine grob mahlen und auf einen Teller geben.

4. Die Hähnchenbrustfilets mit Küchenpapier abtupfen. Dann die Filets jeweils in der Senf-Honig-Mischung und anschließend in den Nüssen wälzen.

5. Eine feuerfeste Form einfetten und die panierten Filets hineinlegen. Salzen und ca. 45 Minuten backen.

Als Beilage passen Süßkartoffel-Pommes-Frites (siehe S. 165) und ein Birnen-Rucola-Salat.

BIRNEN-RUCOLA-SALAT MIT DATTELN UND PINIENKERNEN

FÜR 4—6 PERSONEN

2—3 Bund **Rucola** (alternativ 1 Packung verzehrfertiger Rucolasalat)

1 **Apfel**

1 reife **Birne**

8 weiche, entsteinte **Datteln**

100 g **Pinienkerne**

50 g **Blauschimmelkäse** (wer mag)

2 EL natives **Olivenöl** extra vergine

1 EL **Balsamicoessig** (nach Geschmack)

Meersalz und frisch gemahlener **schwarzer Pfeffer**

Zubereitung

1. Den Rucola waschen, trocken schütteln und in eine große Schüssel geben.

2. Apfel und Birne schälen und in Würfel schneiden. Falls die Datteln hart sind, in ein Schälchen mit heißem Wasser legen. Nach 10 Minuten das Wasser abgießen, die Datteln mit Küchenpapier trocken tupfen und klein schneiden.

3. In einer kleinen Pfanne die Pinienkerne ohne Fett rösten. Sie sollten gerade anfangen, etwas dunkler zu werden. Dabei fleißig mit einem Kochlöffel o. Ä. wenden. Das Rösten geht fix, passen Sie auf, dass die Kerne nicht anbrennen.

4. Die Apfel-, Birnen- und Dattelstücke unter den Salat mischen. Den Käse in kleinen Stücken über den Salat bröseln. Olivenöl mit Balsamicoessig verrühren, salzen, pfeffern und den Salat damit beträufeln. Zum Servieren mit Pinienkernen bestreuen.

Gebratener Kabeljau

mit scharfer Zwiebelmarinade und Tomaten-Kräuter-Sauce

FÜR 4 PERSONEN

800 g **Kabeljaufilet**
1 EL natives **Olivenöl** extra
    vergine zum Braten

ZUBEREITUNG DES FISCHS:

Die Filets in vier Stücke à 200 g teilen. Am besten braten
Sie den Fisch bei hoher Temperatur 3 Minuten in Olivenöl,
bis die erste Seite goldbraun ist. Dann wenden Sie die Filets
und braten die andere Seite weitere 5 Minuten. Servieren
Sie die fertig gebratenen Filets mit ein paar Löffeln von der
würzigen Zwiebelmarinade.

FÜR DIE ZWIEBEL-MARINADE:

3 EL **Zitronensaft**
3 EL **Honig**
2 EL natives **Olivenöl** extra vergine
1 rote **Paprika**, fein gehackt
4 große rote **Zwiebeln**, fein gehackt
1 grüne **Chilischote**, fein gehackt
½ EL **Meersalz**

ZUBEREITUNG DER MARINADE:

Alle Zutaten in einen Topf geben und bei mittlerer Temperatur
10 Minuten einkochen lassen.

TOMATEN-KRÄUTER-SAUCE

1 Dose stückige **Tomaten** (ca. 400 ml)
1 **Knoblauchzehe**
100 ml **Weißwein**
1 TL gekörnte **Hühnerbrühe**
½ Bund frischer **Koriander**
½ Bund frisches **Basilikum**

Zubereitung

1. Knoblauch schälen und auspressen.
    Mit den Tomaten in Weißwein und Brühe
    ca. 10 Minuten sanft einkochen.

2. Die Kräuter waschen, gut abschütteln,
    hacken und in die fertige Sauce geben
    und vorsichtig umrühren.

Roastbeef
mit Kartoffelsalat, Zwiebelringen und Erbsen

FÜR 4–6 PERSONEN

1 kg **Roastbeef**
1 EL gerebelter **Thymian**
1 EL italienische **Kräuter**
Meersalz und frisch gemahlener **schwarzer Pfeffer**

Zubereitung

Den Backofen auf 100 °C vorheizen. Reiben Sie das Fleisch kräftig mit Salz und Pfeffer ein. Schieben Sie es auf dem mittleren Rost für 45 Min. in den heißen Ofen. In der Mitte sollte das Fleisch 55 °C warm sein – am besten prüfen Sie die Temperatur mit einem Bratenthermometer. Wenn Sie das Fleisch aus dem Ofen nehmen, lassen Sie es noch 5–10 Minuten ruhen, bevor Sie es in feine Scheiben aufschneiden.

KARTOFFELSALAT

400–600 g **Kartoffeln**
5 **Eier**
1 Becher **saure Sahne**, 200 g (oder Mayonnaise, falls Sie Milchprodukte meiden. Ein Rezept für selbst gemachte Mayonnaise finden Sie auf S. 171)
1 EL körniger **Senf**
½ TL **Knoblauchsalz**
3 EL **Gewürzgurken**, in grobe Stücke geschnitten
Meersalz und frisch gemahlener **schwarzer Pfeffer**

Zubereitung

1. Die Kartoffeln kochen, kurz abkühlen lassen und pellen. Kleine Kartoffeln oder Kartoffeln aus neuer Ernte können Sie auch mit Schale essen, wenn Sie sie vor dem Kochen gründlich waschen.
2. Die Eier hart kochen, kurz abkühlen lassen und pellen.
3. In einer großen Salatschüssel die saure Sahne (oder Mayonnaise), den Senf und das Knoblauchsalz gut verrühren.
4. Kleine Kartoffeln in zwei, größere in vier Stücke schneiden.
5. Die Eier vierteln. Die Gewürzgurken in nicht zu kleine Stücke schneiden. Die Eier, Kartoffeln und Gewürzgurken vorsichtig mit dem Sahne-Senf-Dressing vermengen. Nach Geschmack mit Salz und Pfeffer würzen.

ZWIEBELRINGE

2 **Zwiebeln**
120 g **Kartoffelmehl**
120 g **Mehl** (ggf. eine glutenfreie Sorte)
150 ml natives **Olivenöl** extra vergine

Zubereitung

1. Die Zwiebeln in sehr feine Ringe schneiden.
2. Das Kartoffel- und das Weizenmehl in einer Schale vermengen und die Zwiebelringe darin wälzen. Überschüssiges Mehl vorsichtig abklopfen.
3. Das Öl in einem Topf auf 150 °C erhitzen und die Zwiebelringe darin goldbraun frittieren.
4. Die gebratenen Zwiebelringe kurz auf Küchenpapier abtropfen lassen.

ERBSEN

Ich verwende meist tiefgekühlte Erbsen.

400 g **Erbsen**
Meersalz und frisch gemahlener **schwarzer Pfeffer**

1. Einen Topf mit Wasser aufsetzen. Sobald das Wasser kocht, die Erbsen hineingeben und 30 Sekunden kochen lassen.
2. Die Erbsen in ein Sieb abgießen und sofort servieren. Nach Geschmack mit ein bisschen Meersalz und Pfeffer würzen.

Linsenbolognese

Spaghetti mit Linsenbolognese schmecken der ganzen Familie und kommen bei uns dementsprechend häufig auf den Tisch. Das Rezept stammt von meiner Freundin Ebba Guðný, die sich bereits vor vielen Jahren einem gesunden Lebensstil verschrieben und 2007 einen Elternratgeber zum Thema „Essen für die Kleinsten" herausgegeben hat.

FÜR 4 PERSONEN

1 große **Zwiebel**

3 **Knoblauchzehen**

2 EL **Kokosöl**

2 **Lorbeerblätter**

2 TL gerebelter **Oregano**

2 TL getrocknetes **Basilikum**

1 kleine **Süßkartoffel** oder 3 **Karotten**

100 g rote **Linsen** (die kleinen, die nur 20 Minuten gekocht werden müssen)

1 Dose passierte **Tomaten** (400 ml)

400 ml **Kokosmilch**

3 EL **Tomatenmark**

2 TL **Gemüsebrühe**

Dinkelspaghetti

1 TL **Meersalz**

½ TL weißer **Pfeffer**

1 TL **Olivenöl** für das Nudelwasser

50 g **Parmesan**, zum Servieren frisch über die Bolognese gerieben

ggf. **Rucolasalat** zum Servieren

Zubereitung

1. Die Zwiebel grob hacken. Die Knoblauchzehen pressen.

2. In einem Topf oder einer tiefen Pfanne das Kokosöl auf kleiner Flamme erwärmen. Die Zwiebeln, den Knoblauch, die Lorbeerblätter, das Oregano, das Basilikum, das Meersalz und den weißen Pfeffer in die Pfanne geben und 5–10 Minuten braten.

3. In der Zwischenzeit die Süßkartoffel schälen und in kleine Stücke schneiden. Ebenfalls in den Topf oder die Pfanne geben und 1 Minute mitbraten.

4. Die Linsen in einem Sieb abspülen und hinzufügen. Dann die passierten Tomaten, die Kokosmilch, das Tomatenmark und die Gemüsebrühe zugeben. 30 Minuten kochen.

5. Nach 20 Minuten die Spaghetti nach Anleitung auf der Verpackung in Salzwasser mit einem Schuss Öl kochen.

Die Empfehlung unserer Tochter: Erst die Spaghetti auf den Teller, darüber die Bolognese, dann Parmesan und zuletzt eine Handvoll Rucolasalat – einfach köstlich!

Kalt gepresste Öle stammen aus der ersten Pressung von Samen, Kernen oder Früchten. Anschließend wird das Öl durch einen Papierfilter mit natürlich niedrigem ph-Wert gegossen. So bleiben Geschmack, Duft und Nährstoffe bestmöglich erhalten. Kalt gepresstes Öl aus erster Pressung ist als „natives Öl" gekennzeichnet. Speziell bei Olivenöl heißt es „natives Olivenöl extra vergine".

Öle: Ebba Guðný empfiehlt, kalt gepresste Öle in dunklen Glasflaschen zu kaufen und sie in erster Linie zum Verfeinern der Speisen nach dem Kochen zu verwenden. So sind sie am gesündesten, denn die meisten Öle vertragen keine große Hitze. Wenn dennoch etwas in Öl angebraten werden soll, lautet Ebba Guðnýs Ratschlag: Nutzen Sie kalt gepresstes Kokosöl bei mäßigen Temperaturen. Das dauert zwar ein bisschen länger, aber es zahlt sich aus! Olivenöl eignet sich ebenfalls sehr gut zum Braten, da es bis 180 °C erhitzt werden kann.

Scharfe Hähnchen-Nudel-Suppe

mit Chili, Knoblauch und Ingwer

Ich habe im Laufe der Zeit viele asiatische Nudelsuppen ausprobiert. Dieses Rezept hat mich überzeugt, weil das Hähnchen so gekocht wird, dass es wunderbar saftig bleibt.

FÜR 4 PERSONEN

500 g **Hähnchenbrustfilet**

½ **rote Chilischote** (wer es sehr scharf mag, kann die andere Hälfte der Schote zum Servieren fein gehackt in die Suppe streuen)

3 **Knoblauchzehen**

1 EL natives **Olivenöl** extra vergine oder **Kokosöl**

1 EL frischer **Ingwer**, gerieben

1 ½ l **Hühnerbrühe** oder 1 ½ l Wasser mit 4–5 TL gekörnter Hühnerbrühe (bei Bio-Brühe muss man etwas mehr nehmen, da sie kein geschmacks-verstärkendes MNG enthält. Nach dem Abschmecken evtl. noch etwas Brühe zugeben.)

2 EL **Sojasauce** (am besten Tamari)

2 TL **Sesamöl**

1 EL **Süßungsmittel** (z. B. Agavendicksaft, Honig, Xylit oder Rohzucker)

450 g **Reisnudeln** (die sind glutenfrei)

4 **Lauchstangen**

1 kleiner **Kohlkopf** (z. B. Chinakohl)

Zubereitung

1. Die Hähnchenbrustfilets in mundgerechte Stücke schneiden. Die Chilischote waschen, putzen und fein hacken. Die Knoblauchzehen fein hacken.

2. Das Öl in einem großen Suppentopf erwärmen. Chili, Knoblauch und den geriebenen Ingwer zufügen und 30 Sekunden unter Rühren anbraten.

3. Mit 500 ml Hühnerbrühe aufgießen und mit Deckel zum Kochen bringen. Sobald die Brühe kocht, die Temperatur etwas herunterdrehen.

4. In einem zweiten mittelgroßen Topf Wasser für die Nudeln aufsetzen.

5. Die Hähnchenstücke in den Suppentopf geben und 5 Minuten kochen. Fischen Sie ein Stück aus dem Topf und schneiden Sie es durch, um zu prüfen, ob das Geflügel gar ist. Es sollte innen nicht mehr rosa sein. Wenn es so weit ist, holen Sie alle Stücke aus dem Topf und stellen Sie sie zur Seite.

6. Den Rest der Hühnerbrühe, die Sojasauce, das Sesamöl und das Süßungsmittel in den Suppentopf geben und die Suppe noch einmal zum Kochen bringen.

7. Sobald das Nudelwasser kocht, die Reisnudeln darin laut Packungs-anweisung kochen (in der Regel haben Reisnudeln eine Garzeit von etwa 3 Minuten). In einen Durchschlag abgießen und mit kaltem Wasser abschrecken.

8. Den Lauch putzen, längs aufschneiden, gründlich waschen und in feine Ringe schneiden. Den Kohl putzen und klein schneiden und mit dem Lauch in die Suppe geben. 1 Minute weiter köcheln lassen.

9. Die Hähnchenstücke und die Nudeln auf Suppenteller verteilen, die Suppe darübergießen und servieren.

Da diese Suppe sehr scharf ist, gebe ich meinen Jüngsten nur Nudeln und Hähnchen und schneide ihnen etwas Gemüse klein, das sie einfach so dazu essen. Den Älteren mische ich etwas Nudelwasser unter die Suppe, damit sie etwas milder wird.

Gebratener Fisch in Sesam-Kokos-Panade

mit Süßkartoffeln, Dattelmus und Honigdip

Kennen Sie jemanden, der keinen Fisch isst? Oder machen die Kinder lange Gesichter, wenn es Fisch gibt? Dann servieren Sie ihnen mal dieses Fischgericht. Ich habe noch nie erlebt, dass jemand diesen Fisch nicht wunderbar findet, und noch dazu ist er einfach und schnell zubereitet. Für dieses Gericht verwende ich am liebsten Kabeljau oder Seewolf.

FÜR 4 PERSONEN

1 kg **Kabeljau-** oder **Seewolffilet**

240 g **Kokosmehl**

200 g **Sesamsamen**

2 **Eier**

Meersalz und frisch gemahlener **schwarzer Pfeffer**

2–3 EL **Kokosöl** oder **Butter** zum Braten

HONIGDIP

1 Becher saure Sahne (200 g)

1 EL Mango-Chutney (siehe S. 120) oder Akazienhonig

Für den Dip die saure Sahne mit dem Chutney gut verrühren.

Servieren Sie den Fisch mit Süß-kartoffel-Pommes-Frites (S. 165), Dattelmus (S. 158) und kaltem Honigdip.

Zubereitung

1. Die Fischfilets jeweils in 3–4 Stücke teilen.

2. Das Kokosmehl und die Sesamsamen in einem tiefen Teller mischen.

3. Die Eier aufschlagen und mit einer Gabel auf einem zweiten Teller verquirlen.

4. Den Fisch mit Salz und Pfeffer würzen. Anschließend erst im Ei und dann in der Kokosmehl-Sesam-Mischung wälzen, bis er ganz ummantelt ist.

5. Auf mittlerer Flamme Öl oder Butter in einer Pfanne erhitzen. Wenn Sie Seewolf verwenden, den Ofen auf 150 °C vorheizen.

6. Den Fisch in der Pfanne braten. Am besten legen Sie die bereits gewürzte Seite nach unten, dann können Sie nun die zweite Seite auch noch salzen und pfeffern.

7. Den Fisch auf beiden Seiten jeweils 2–3 Minuten braten, bis die Panade goldbraun ist.

Wenn Sie Seewolf zubereiten, schieben Sie die Filets nach dem Braten in der Pfanne oder in einer feuerfesten Form noch für 5 Minuten in den Ofen. Schneiden Sie nach 5 Minuten ein Stück an, um zu testen, ob der Fisch durch ist. Falls er in der Mitte noch glasig aussieht, braucht er noch ein paar Minuten.

Mindestens zweimal in der Woche sollte Fisch auf dem Speiseplan stehen, denn er enthält viele wichtige Nährstoffe wie Jod, Omega-3-Fettsäuren und Vitamin D, die wir nur über wenige andere Lebensmittel aufnehmen können.

Gebratener Heilbutt

mit indischem Masala

Þórunn Steinsdóttir ist die Autorin der Internetseite Máttur matarins (www.matturmatarins.com, auf Deutsch „Die Macht des Essens"). Auf ihrem Blog schreibt sie über die Bedeutung von gesunder Ernährung. Auch dieses herrliche Fischrezept stammt von Þórunn.

Dieses Gericht enthält besonders viele sekundäre Pflanzenstoffe, denen eine krebshemmende Wirkung zugeschrieben wird. Tomaten enthalten reichlich Lycopin, einen Stoff, der den Tomaten ihre rote Farbe gibt. Wie diverse Studien gezeigt haben, hilft Lycopin bei Herzleiden und beugt der Entstehung von Krebs vor. Um die Wirkkraft des Lycopins zu verstärken, müssen die Tomaten gekocht und mit Öl angemacht werden. In diesem Rezept werden sie so verarbeitet, dass ein Maximum an Lycopin erhalten bleibt. Auch anderen Zutaten dieses Rezepts wird eine krebsvorbeugende Wirkung zugesprochen, allen voran den roten Zwiebeln. Sie enthalten Quercetin und Anthocyane – vor allem in den äußeren Zwiebelschichten. Daher sollte man nicht zu viele Schichten entfernen.

FÜR 4 PERSONEN

4 **Heilbuttfilets** à 250 g

FÜR DIE MARINADE

¼ Tasse natives **Olivenöl** extra vergine
    oder **Rapsöl**
¼ TL **Cayennepfeffer**
1 TL **Meersalz**
1 TL **schwarze Senfkörner**,
    im Mörser zerkleinert

ZUM PANIEREN

1 Tasse **Semmelbrösel** (ich habe
    4 Knäckebrotscheiben in der
    Küchenmaschine zerkleinert)

FÜR DAS MASALA

2 **rote Zwiebeln**
3 **Knoblauchzehen**
2 EL natives **Olivenöl** extra vergine
10 **Curryblätter** (bekommt man
    u. a. in Asialäden)
1 ½ TL gemahlener **Kreuzkümmel**
1 ½ TL gemahlener **Koriander**
¼ TL **Cayennepfeffer**
3 **Gewürznelken**
½ TL **Meersalz**
1 Dose stückige **Tomaten** (400 ml)
165 ml **Kokosmilch**

Zubereitung

1. Alle Zutaten für die Marinade vermengen und etwa 2 Stunden in den Kühlschrank stellen.

2. Für das Masala die Zwiebeln und die Knoblauchzehen schälen und in der Küchenmaschine pürieren.

3. Das Öl in eine Pfanne geben und sobald es heiß ist, die Curryblätter 30 Sekunden darin frittieren. Die Pfanne dabei am besten abdecken, damit es nicht so spritzt.

4. Die pürierten Zwiebeln und Knoblauchzehen hinzugeben und 5 Minuten bei mittlerer Hitze braten.

5. Die Gewürze und Tomaten in die Pfanne geben. 5–8 Minuten köcheln lassen, bis sich die Flüssigkeit deutlich reduziert hat. Dann mit der Kokosmilch und 165 ml Wasser ablöschen (ich fülle die leere Kokosmilchdose einmal mit Wasser). Weitere 10 Minuten köcheln lassen.

6. Die Fischfilets salzen, pfeffern und anschließend in den Semmel-/ Knäckebrotbröseln wälzen. Die Marinade in eine Pfanne geben und den Fisch 2–3 Minuten auf beiden Seiten darin braten.

7. Die fertigen Fischfilets mit der Marinade anrichten. Dazu passt Naturreis oder Naanbrot.

SÜSSE CREMES, SAUCEN UND PIKANTE BEILAGEN

- Die beste Marmelade
- Saft
- Schoko-Erdnuss-Creme
- Glasiertes Wurzelgemüse
- Dattelmus
- Spinat-Kartoffel-Püree
- Süßkartoffelpüree
- Petersilienwurzelpüree
- Tomatensalat
- Knoblauch-Kartoffel-Püree
- Chilikartoffelecken
- Süßkartoffel-Pommes-Frites
- Rote-Bete-Apfel-Salat
- Selbst gemachtes Ketchup
- Hausgemachte Mayonnaise
- Chilimayonnaise
- Glutenfreies Pfannenbrot
- Dinkel-Naanbrot
- Asiasalat

Die beste Marmelade
mit Rhabarber und Krähenbeeren

Meine Schwiegermutter macht die beste Marmelade, die ich kenne. Und sie macht viel davon – schließlich ist sie als siebenfache Mutter einen großen Haushalt gewohnt. Aber trotzdem geht bei ihr immer alles ratzfatz, diese Frau schafft ungelogen für zwei. Wenn sie Plätzchen backt, dann gleich einen ganzen Waschzuber voll, und Pfannkuchen in drei Pfannen gleichzeitig. „Weniger lohnt sich nicht", lautet ihre Devise. Hier ist ihr Rezept für die beste Marmelade – allerdings in einer gesunden Variante. Sie passt ausgezeichnet zu den Sonntagsbrötchen von S. 180, gern auch mit Käse. Krähenbeeren sind in Island sehr beliebt, in Deutschland eher selten zu bekommen. Sie können die Marmelade aber auch sehr gut mit Heidelbeeren zubereiten.

FÜR 10–12 GLÄSER À 250 ML

1 kg **Rhabarber**
1 kg **Krähenbeeren** oder **Heidelbeeren**
450 g **Xylit** oder **Rohzucker**
2 TL **Vanilleextrakt**

Zubereitung

1. Bevor Sie anfangen, kochen Sie am besten die Gläser ab, in denen Sie die Marmelade aufbewahren werden.

2. Den Rhabarber putzen und in fingerlange Stücke schneiden. 30 Minuten in 200 ml Wasser kochen. Rühren Sie ab und zu um und passen Sie auf, dass nichts anbrennt.

3. Währenddessen die Beeren verlesen und waschen. Anschließend mit Xylit oder Zucker zum Rharbarber in den Topf geben und weitere 15–20 Minuten kochen.

In der ursprünglichen Version dieses Rezepts und überhaupt in den allermeisten Marmeladenrezepten wird genauso viel Zucker wie Frucht oder sogar noch mehr verwendet. Dieses Rezept enthält eigentlich 1 ½ kg weißen Zucker. Wer keine zuckerarmen Marmeladen gewohnt ist, kann auch mehr als 450 g Xylit oder Rohzucker verwenden, z. B. 800 g, und dann jedes Mal etwas weniger. Oder doch weißen Zucker, aber deutlich weniger. Probieren Sie einfach aus, wie es Ihnen schmeckt. Auch mit Agavendicksaft, Honig, Dattelmus oder Trockenfrüchten lassen sich Marmeladen süßen.

Wenn Sie Beeren für Saft und Marmeladen im Garten haben, legen Sie am besten gleich auch einen kleinen Vorrat in der Tiefkühltruhe für Shakes, Gebäck usw. an.

Ich bin oft gefragt worden, warum um Himmels Willen ich Marmelade und Saft selbst mache, wo man beides doch ohne den geringsten Aufwand im Geschäft kaufen kann. Abgesehen vom gesundheitlichen Wert machen es die Nähe zur und die Berührung mit der Natur attraktiv, solche Dinge selbst zu machen. Es hat einen ganz besonderen Reiz, zum Beerensammeln loszuziehen, mit beerenverschmierten Kindern wieder nach Hause zu kommen, aus dem selbst Gesammelten etwas Leckeres zuzubereiten und es dann zu essen. Warum gehen die Leute Lachs angeln, wo man ihn doch an der Fischtheke kaufen kann?

Beeren sind kleine Vitaminbomben und enthalten außerdem reichlich Mineral- und Ballaststoffe. Heidelbeeren sind z. B. besonders reich an Vitamin C und Vitamin E. Beide Vitamine sind Antioxidantien, die die Bildung von schädlichen freien Radikalen in unseren Zellen verhindern. Es heißt, dass freie Radikale die Entstehung von gewissen Krankheiten in unserem Körper begünstigen, zum Beispiel von Krebs, Gefäßverkalkung und grauem Star. Die in Krähenbeeren und Heidelbeeren enthaltenen Ballaststoffe unterstützen außerdem eine gute Verdauung.

Saft

Als Kind habe ich die Sommer bei den Zwillingsschwestern meiner Mutter auf einem Bauernhof in der Nähe von Reykjavik verbracht. Dort bekam ich immer Skyr, eine quarkähnliche isländische Spezialität, in die selbst gemachter Saft gerührt wurde — köstlich. Wenn ich heute Saft trinke, wandern meine Gedanken immer auf diesen Hof namens Grjóteyri, zur Heuernte und den märchenhaften Tagen auf dem Land. Beeren enthalten unglaublich viele Nährstoffe und bei uns in Island wachsen sie überall um uns herum, wenn der Herbst kommt. Beeren zu sammeln ist eine schöne Gemeinschaftsaktion für die ganze Familie. Kinder sind meist mit großem Spaß und Eifer dabei.

Selbst Saft herzustellen ist eine schnelle, unkomplizierte Sache. Eine Methode funktioniert mit Mull. Die Beeren werden durch den Fleischwolf in ein mit Mull ausgelegtes Sieb gedreht. Das Sieb hängt über einem Topf, in den der Saft hineintropfen kann. Anschließend wird der Saft gesüßt, normalerweise mit weißem Zucker, doch man kann auch Agavendicksaft, Honig, Xylit, Rohzucker oder ein anderes Süßungsmittel verwenden. Danach wird der gesüßte Saft mindestens 5 Minuten gekocht. Normalerweise wird dann noch Weinsäure zugesetzt, doch ich lasse sie weg. Der fertige Saft wird entweder in ausgekochte Glasflaschen gefüllt oder zum Einfrieren in Halbliter-PET-Flaschen.

Es gibt alle möglichen Gerätschaften, mit denen sich noch leichter Saft herstellen lässt als mit Mull. Zum Beispiel einen dreiteiligen Saft-Kochtopf: Im untersten Topf kocht Wasser, darüber ist ein Topf mit Schlauch und zuoberst ein Korb für das Obst. Der Saft fließt in den mittleren Topf, von wo aus man ihn einfach abzapfen kann. Auch für viele Küchenmaschinen gibt es Aufsätze zum Saftpressen. Wie gesagt: Viele Wege führen nach Rom.

Wer das Maximum aus den Beeren herausholen möchte, kann den Trester über Nacht in Wasser stehen lassen und ihn dann ein weiteres Mal pressen. Der so gewonnene Saft ist zwar deutlich dünner, aber trotzdem lecker.

In Joghurt oder Quark gerührt, lässt sich mit dem selbst gemachten Saft ganz leicht Fruchtjoghurt bzw. Fruchtquark herstellen. Oder Sie verpassen Ihrem Frühstücksbrei (Rezept siehe S. 61) eine fruchtige Note.

KRÄHENBEERENSAFT

2 kg Krähenbeeren ergeben ca. 1 l Saft, wenn Sie mit einem Saft-Kochtopf arbeiten. Der Ertrag variiert je nach Zubereitungsmethode. Wenn Sie keine Krähenbeeren bekommen können, verwenden Sie Heidelbeeren für dieses Rezept.

Dosierung der Süßungsmittel: 1 TL Agavendicksaft oder 1 ½ TL Honig auf 200 ml Saft (wenn Ihnen das nicht süß genug ist, süßen Sie einfach noch etwas nach).

Den Saft in einem Topf auf mittlerer Flamme erwärmen. Süßungsmittel zugeben, umrühren und 5 Minuten kochen lassen. Nach dem Abkühlen in sterilisierte Glas- oder PET-Flaschen füllen.

RESTEVERWERTUNG: KRÄHENBEERENMARMELADE

Der Trester reicht für ca. 5–6 mittelgroße Gläser.

1. Den Trester in den Mixer geben und pürieren.
2. Wenn alle Beeren püriert sind, füllen Sie sie zurück in den Topf. Wenn Sie mögen, fügen Sie etwas Vanillemark hinzu und lassen Sie die Marmelade weitere 10 Minuten kochen.
3. Die heiße Marmelade in Marmeladengläser füllen und offen abkühlen lassen. Wenn die Marmelade vollständig abgekühlt ist, die Deckel auf die Gläser drehen und in den Kühlschrank stellen.

Da die Marmelade keinen Zucker enthält und die Gläser nicht gleich nach dem Abfüllen verschlossen werden, ist die Marmelade nur 3–4 Wochen im Kühlschrank haltbar. Alternativ in Kunststoffbehältern einfrieren.

Schoko-Erdnuss-Creme

Wie oft haben sich meine Kinder darüber beschwert, dass es bei uns nie Schokocreme gibt und sich nichts sehnlicher gewünscht, als dass ich doch wenigstens einmal ein Auge zudrücken und so eine Creme kaufen würde. Daher war ich für sie der tollste Mensch auf Erden, als ich mir dieses Rezept für eine gesunde Schokocreme ausgedacht habe.

FÜR 2 GLÄSER À 250 ML

200 ml flüssiges **Kokosöl**
50 ml **Agavendicksaft** oder **Honig**
90 g **Kakaopulver**
200 g feine **Erdnussbutter** (wer lieber eine Creme mit Stückchen mag, kann auch eine gröbere Sorte nehmen)

Manch einer stört sich am Geschmack des Kokosöls. In vielen Bioläden und Reformhäusern gibt es jedoch auch geschmacksneutrales Kokosöl.

Zubereitung

1. Das Glas mit dem Kokosöl unter fließendes warmes Wasser halten, bis das Öl flüssig wird.

2. Das Kokosöl, den Agavendicksaft bzw. Honig und den Kakao in der Küchenmaschine verrühren.

3. Die Erdnussbutter hinzugeben und gut unterrühren.

4. Die Creme in Marmeladengläser füllen und 30 Minuten bis 1 Stunde in den Kühlschrank stellen.

Die Schokocreme lässt sich besser verstreichen, wenn sie eine Weile bei Raumtemperatur gestanden hat.

Ich gehe davon aus, dass sich die Schoko-Erdnuss-Creme einige Wochen hält – bei uns ist sie immer so schnell weggefuttert, dass ich in der Hinsicht leider keine Erfahrungswerte habe ...

Glasiertes Wurzelgemüse

mit Dijon-Senf und Ahornsirup

Wurzelgemüse vom Blech, mit ein wenig Olivenöl und Salz angemacht, ist eine leckere Beilage zu fast jedem Essen. Mit Dijon-Senf und Ahornsirup verfeinert, wird das Gemüse zu einem Gedicht. Auch dieses Rezept passt als Beilage zu fast allem: zu Fleisch, zu Fisch, zu gebratenen Eiern …

FÜR 4 PERSONEN

1–2 **Süßkartoffeln** (ca. 400–600 g)

4 mittelgroße **Petersilienwurzeln**

4 **Karotten**

3 EL **Dijon-Senf** oder eine andere Sorte

3 EL **Ahornsirup**

3 EL natives **Olivenöl** extra vergine

Meersalz und frisch gemahlener **schwarzer Pfeffer**

Zubereitung

1. Den Backofen auf 220 °C vorheizen.

2. Das Gemüse waschen, putzen, schälen und in längliche Schnitze schneiden, wie Pommes frites. Die Süßkartoffel halbieren Sie am besten zuerst, um sie dann in Scheiben und anschließend in Schnitze zu schneiden.

3. Den Senf, den Ahornsirup, das Olivenöl, das Salz und den Pfeffer in einer Schüssel verrühren.

4. Das Gemüse auf einem Backblech oder in einer feuerfesten Form verteilen. Die Senfsauce gleichmäßig über dem Gemüse verteilen, sodass alle Gemüseschnitze mit der Sauce gut benetzt sind.

5. Auf dem mittlerem Rost ca. 25 Minuten backen. Wenden Sie ab und zu das Gemüse, damit es gleichmäßig gebacken wird.

> Auf dem Foto habe ich das Rezept noch um weitere Gemüsesorten ergänzt, z. B. Rote Bete und rote Zwiebeln. Seien auch Sie kreativ und probieren Sie verschiedene Kombinationen aus!

Dattelmus

140 g getrocknete **Datteln**, entsteint

120 ml **Orangensaft**

Zubereitung

1. Die Datteln fein hacken.
2. Anschließend mit dem Orangensaft und 120 ml Wasser in einem kleinen Topf zum Kochen bringen. Die Hitze reduzieren und 5 Minuten ohne Deckel köcheln lassen.
3. Von der Flamme nehmen und 5 Minuten abkühlen lassen. Anschließend in der Küchenmaschine oder mit dem Stabmixer pürieren.

Spinat-Kartoffel-Püree

FÜR 2 PERSONEN

2–3 **Kartoffeln**

50 g frischer **Spinat**

100 g **Butter**

Meersalz und frisch gemahlener **schwarzer Pfeffer**

Zubereitung

1. Die Kartoffeln schälen und in leicht gesalzenem Wasser kochen.
2. Während die Kartoffeln kochen, den Spinat waschen, putzen und sehr fein hacken oder in der Küchenmaschine pürieren.
3. Wenn die Kartoffeln gar sind, diese in der Küchenmaschine pürieren oder mit einem Stampfer fein zu einem Püree zerstampfen.
4. Die Butter hinzufügen und umrühren.
5. Den Spinat unter den Kartoffelbrei heben und nach Geschmack mit Salz und Pfeffer würzen.

Süßkartoffelpüree

FÜR 4 PERSONEN

2–3 große **Süßkartoffeln**

100 g **Butter**

2–3 EL natives **Olivenöl** extra vergine zum Einpinseln

Meersalz und frisch gemahlener **schwarzer Pfeffer**

Zubereitung

1. Den Backofen auf 180 °C vorheizen.
2. Die Kartoffeln schälen und in Scheiben schneiden. Auf ein Backblech legen und mit dem Olivenöl einpinseln. Ca. 30 Minuten backen, bis die Kartoffelscheiben weich sind.
3. Die Kartoffeln in der Küchenmaschine pürieren oder per Hand fein stampfen.
4. Die Butter einrühren.
5. Nach Geschmack mit Meersalz und schwarzem Pfeffer würzen.

Petersilienwurzelpüree

Passt hervorragend zu weißem Fisch.

FÜR 4 PERSONEN

300 g **Petersilienwurzeln**

200 ml **Milch, Mandelmilch**
oder **Kokosmilch**

1 TL gekörnte **Hühnerbrühe**

50 g **Butter**

½ Zweig frischer **Rosmarin**

1. Die Petersilienwurzeln schälen und in grobe Stücke schneiden. Alle Zutaten (bis auf den Rosmarin-zweig) in einen Topf geben und 20 Minuten kochen, bis die Petersilienwurzeln weich sind.

2. Den Rosmarinzweig zugeben und 2 Minuten mit-kochen. Dann den Zweig aus dem Topf nehmen und die Petersilienwurzeln mit dem Stabmixer oder in der Küchenmaschine pürieren.

Zusammen mit einem knackigen Salat ist dieses herzhafte Püree ein perfekter Begleiter zu Fisch.

Tomatensalat

Die perfekte Beilage zur Kürbislasagne von S. 94.

FÜR 4 PERSONEN

500 g **Cocktailtomaten**
250 g kleine **Mozzarellakugeln**
eine Handvoll frische **Basilikumblätter**
2–3 TL **Balsamicoessig**

Zubereitung

1. Die Tomaten halbieren und mit den Mozzarella-kugeln und den Basilikumblättern in eine Schüssel geben.

2. Nach Geschmack mit Balsamicoessig beträufeln.

Knoblauch-Kartoffel-Püree

Besonders lecker zu Fischbällchen (siehe S. 92).

FÜR 4 PERSONEN

600 g **Kartoffeln**
3 **Knoblauchzehen**
½ TL **Meersalz**
100 g **Butter**

Zubereitung

1. Die Kartoffeln schälen, ggf. ein- oder zweimal durchschneiden und in einen Topf mit Wasser geben. Die Knoblauchzehen schälen und ebenfalls in den Topf geben. Das Meersalz hinzufügen. Die Kartof-feln in ca. 20 Minuten gar kochen.

2. Das Wasser abgießen, die Butter in den Topf geben und mit den Kartoffeln und dem Knoblauch zu einem Püree stampfen.

Chili-Kartoffelecken

FÜR 4 PERSONEN

4–6 große **Kartoffeln**
5 EL natives **Olivenöl** extra vergine
3 TL **Chilipulver**
Meersalz und frisch gemahlener **schwarzer Pfeffer**

1. Den Backofen auf 200 °C vorheizen.
2. Die Kartoffeln gut waschen und in Schnitze schneiden (die Schale kann ruhig dran bleiben).
3. Das Olivenöl, das Chilipulver, das Salz und den Pfeffer in einer Schüssel verrühren.
4. Die Kartoffelecken darin wälzen, bis sie von allen Seiten schön ölig sind.
5. Ein Backblech mit Backpapier auslegen und die Kartoffelecken darauf verteilen. Im heißen Ofen 45 Minuten backen, bis die Kartoffeln goldbraun sind.

Süßkartoffel-Pommes-Frites

FÜR 4 PERSONEN

2–3 große **Süßkartoffeln**
2–3 EL natives **Olivenöl** extra vergine
Meersalz nach Geschmack
1 EL **Ahornsirup** (wer mag)

1. Den Backofen auf 180 °C vorheizen.
2. Die Süßkartoffeln schälen und in dicke Pommes frites schneiden.
3. Das Öl, das Salz und ggf. den Sirup in eine Schüssel geben und die Süßkartoffeln darin wälzen, bis sie von allen Seiten schön ölig sind.
4. Ein Backblech mit Backpapier auslegen und die Pommes frites darauf verteilen. Im heißen Ofen 20–30 Minuten backen, bis die Süßkartoffeln gar sind. Für eine gleichmäßige Bräunung ab und zu wenden.

Rote-Bete-Apfel-Salat

mit Walnüssen und Meerrettich

Dieser Salat passt gut zu Hühnchen und Fisch. Kinder mögen ihn lieber ohne Meerrettich, daher reiben wir Erwachsenen ihn uns erst frisch über unsere Portion, wenn der Salat auf alle Teller verteilt ist.

FÜR 4 PERSONEN

1 große **Rote Bete** oder
2–3 kleine Knollen
(insgesamt ca. 400 g)

1 großer **Apfel**

2 EL **Balsamicoessig**

2 EL natives **Olivenöl**
extra vergine

1 TL **Honig**

½–1 TL **Meerrettich**
(aus dem Glas oder der Tube
bzw. frisch gerieben)

10 **Walnüsse**

Meersalz und frisch gemahlener
schwarzer Pfeffer

Zubereitung

1. Den Backofen auf 200 °C vorheizen.

2. Die Rote Bete in Alufolie wickeln und auf mittlerem Rost für 1–1 ½ Stunden in den Ofen schieben. Wenn sie komplett durchgegart ist (so weich, dass man leicht hineinstechen kann), unter fließendem kaltem Wasser abkühlen und schälen. In Würfel schneiden – dabei am besten Handschuhe tragen.

3. Den Apfel schälen, in Würfel schneiden und mit der Roten Bete in einer Schüssel vermengen.

4. In einem Schälchen den Balsamicoessig, das Olivenöl, den Honig, den Meerrettich (falls Sie Meerrettich aus Glas oder Tube verwenden), das Salz und den Pfeffer zu einem Dressing verrühren und über die Rote-Bete- und Apfelwürfel gießen. Die Salatschüssel in den Kühlschrank stellen (vor allem der Roten Bete tut es gut, wenn sie eine Weile ruhen und Flüssigkeit aufnehmen kann).

5. Die Nüsse hacken und in einer Pfanne anrösten. Die noch warmen Nüsse vor dem Servieren über den Salat streuen.

6. Ggf. den frischen Meerrettich über den Salat reiben.

Selbst gemachtes Ketchup

Kinder lieben Ketchup, doch leider sind die gängigsten Sorten im Supermarkt die reinsten Zuckerbomben. Stellen Sie sich mal vor, Sie müssten Fischbällchen mit Zucker essen! Am besten macht man sich also sein eigenes Ketchup selbst, füllt es in eine Flasche und hat so immer eine gesunde Alternative mit deutlich weniger Zucker griffbereit im Kühlschrank. Das selbst gemachte Ketchup muss mit der Konkurrenz aus dem Supermarkt Schritt halten können, damit die Kleinen nicht enttäuscht sind, wenn Sie das hausgemachte Ketchup zu Nudeln, Hähnchen, Putenhamburgern oder Fischbällchen reichen. An diesem Rezept habe ich mich richtig abgearbeitet, bis es den Geschmackstest bei meinen Kindern bestanden hatte. Heute lieben sie es – genau wie mein Mann und ich.

ERGIBT CA. 1 LITER

6 **Knoblauchzehen**

2 EL natives **Olivenöl** extra vergine

6–10 frische **Basilikumblätter**

4 Dosen **Tomaten** (jeweils ca. 400 g)

1½ TL gerebelter **Oregano**

Meersalz und frisch gemahlener **schwarzer Pfeffer**

2 EL **Agavendicksaft** oder **Honig** (kann man aber auch weglassen. Wenn Sie von konventionellem Ketchup auf eine zuckerfreie Alternative umsteigen, ist sie Ihren Kindern ohne Sirup ggf. nicht süß genug. Ich lasse den Sirup inzwischen weg.)

Zubereitung

1. Die Knoblauchzehen schälen und in dünne Scheiben schneiden.

2. Auf kleiner Flamme das Öl in einem Topf erhitzen. Die Knoblauchscheiben 5 Minuten darin braten. Immer wieder umrühren, damit nichts anbrennt.

3. Basilikum fein hacken. Die Hälfte der Basilikumblätter zugeben und 30 Sekunden rühren.

4. Die Tomaten und die restlichen Basilikumblätter zugeben und die Sauce kurz aufkochen lassen. Danach die Hitze wieder reduzieren, sodass es gerade so köchelt.

5. Mit Oregano, Meersalz und Pfeffer würzen und ca. 45 Minuten ohne Deckel köcheln lassen. Dadurch verdampft ein Großteil der Flüssigkeit. Hin und wieder umrühren und die Tomaten leicht mit der Schöpfkelle zerdrücken.

6. Nach einer Dreiviertelstunde sollte die Sauce eingedickt sein. Wenn Sie möchten, den Agavendicksaft bzw. Honig hinzufügen und noch einmal gut umrühren.

Sie können die Sauce gleich aus dem Topf in Einmachgläser füllen, die Sie im Kühlschrank aufbewahren, bis es das nächste Mal Pasta oder die Frikadellen von S. 114 gibt. Wenn Sie die Sauce wie konventionelles Ketchup verwenden möchten, lassen Sie sie am besten im Topf abkühlen, um sie dann zu pürieren. Das mache ich meist mit dem Stabmixer oder, noch besser, mit dem Blender – darin bekommt das Ketchup die feinste Konsistenz. Anschließend fülle ich das Ketchup mithilfe eines Trichters in Flaschen, die ich im Kühlschrank aufbewahre. Das Rezept ergibt ca. 1 Liter Ketchup, das ich meist auf 2 Flaschen verteile. Wenn Sie das Rezept einmal nachgekocht haben, geht es beim nächsten Mal wirklich ruck, zuck.

Hausgemachte Mayonnaise

Viele machen große Augen, wenn in vermeintlich gesunden Rezepten Mayonnaise auftaucht – der Inbegriff des Ungesunden und Fettigen. Doch wenn Sie mal einen Blick auf die Zutatenliste dieses Rezepts werfen, sehen Sie, dass hausgemachte Mayonnaise ganz und gar nicht ungesund sein muss. Im Gegenteil – sie enthält viele gute Öle. Dennoch: In rauen Mengen sollte man auch die selbst gemachte Alternative nicht verzehren. Das gilt insbesondere für Menschen mit Übergewicht. 2–3 Teelöffel auf einem Sandwich sind aber völlig in Ordnung. Die verschiedensten Mayonnaise-Rezepte auszuprobieren, kann richtig Spaß machen. Und ist gerade für Menschen mit Laktoseintoleranz eine prima Sache, die all die Joghurtsaucen und Dressings mit saurer Sahne nicht vertragen, die zu so vielen Gerichten serviert werden.

FÜR 1 GLAS

- 2 **Eigelb**
- 1 TL **Dijon-Senf** oder eine andere Sorte
- 3 TL **Zitronensaft**
- 100 ml natives **Olivenöl** extra vergine
- 100 ml flüssiges **Kokosöl** (zum Schmelzen das Glas unter fließendes warmes Wasser halten)
- **Meersalz** und frisch gemahlener **schwarzer Pfeffer**

Zubereitung

1. Die Eigelbe, den Senf und 1 TL Zitronensaft in der Küchenmaschine verrühren.
2. Das Oliven- und Kokosöl in einem Kännchen verquirlen und bei rührender Küchenmaschine ganz langsam in die Eigelb-Senf-Mischung gießen. Nicht zu viel und zu schnell gießen, sonst setzt sich das Öl ab und lässt sich nicht unterrühren. Nach und nach dickt die Mischung ein und nimmt die Konsistenz von Mayonnaise an.
3. Wenn das gesamte Öl eingerührt ist, können Sie nach Geschmack noch den restlichen Zitronensaft hinzugeben.

Chilimayonnaise

- 3 EL selbst gemachte oder fettreduzierte gekaufte **Mayonnaise**
- 1 TL **Chilipaste**

Chilimayonnaise ist eine schöne Variation von gewöhnlicher Mayonnaise. Chilipaste bekommen Sie in den meisten Lebensmittelläden, und dann heißt es: ausprobieren, wie scharf Sie die Mayonnaise mögen!

Glutenfreies Pfannenbrot
mit Kokos und Knoblauch

Wer dieses Pfannenbrot ein paar Mal gebacken hat, kann versuchen, es so dünn hinzubekommen, dass man Wraps daraus machen kann, z. B. die Hähnchenwraps von S. 112. Am besten rollen Sie das Brot ein, solange es noch warm ist, dann bricht es nicht so schnell. Die Füllung sollte natürlich schon fertig sein, bevor Sie die Brote in der Pfanne rösten.

ERGIBT 5 BROTE

3 EL flüssiges **Kokosöl** oder natives **Olivenöl** extra vergine

100 g **Maismehl**

175 g glutenfreies **Mehl** (z. B. Buchweizen- oder Reismehl)

2–3 **Knoblauchzehen**

50 g **Kokosmehl**

ggf. 1 EL flüssiges **Kokosöl** oder **Knoblauchöl** zum Einpinseln

ggf. **Gewürze** und **Kerne** (z. B. Kürbiskerne)

Zubereitung

1. In einem kleinen Topf 300 ml Wasser mit 1 ½ EL Öl zum Kochen bringen.

2. Die Hitze reduzieren und das Maismehl einrühren. Falls die Kochplatte sehr heiß ist, nehmen Sie den Topf am besten von der Flamme. Ca. 5 Minuten rühren.

3. Den Topf wieder auf den Herd stellen und das restliche Öl einrühren.

4. Den Teig in die Küchenmaschine umfüllen und das glutenfreie Mehl hinzufügen. Sollte der Teig zu klebrig sein, geben Sie noch einen Löffel Mehl zu, falls er zu trocken ist, ein paar Tropfen Wasser.

5. Die Knoblauchzehen über den Teig pressen und einrühren.

6. Das Kokosmehl hinzugeben und den Teig mit den Händen weiterkneten.

7. Den Teig in 5 Kugeln teilen.

8. Eine Pfanne auf mittlerer Flamme erwärmen. Währenddessen die erste Teigkugel dünn ausrollen. Das Brot in die Pfanne legen und sobald es leicht angebräunt ist, umdrehen und die andere Seite rösten.

9. Am besten servieren Sie die Brote sofort, ggf. mit etwas Kokos- oder Knoblauchöl eingepinselt. Wenn es das Brot als Beilage geben soll, haben Sie das Hauptgericht am besten schon fix und fertig, wenn Sie die Brote rösten.

Der Teig lässt sich je nachdem, wozu das Brot serviert wird, im Handumdrehen variieren. Wollen Sie es als Naanbrot zu indischen Gerichten essen, geben Sie einfach eine Prise Tandoori Masala oder gemahlenen Kreuzkümmel in den Teig. Auf dem Foto sehen Sie eine Variante mit Kürbiskernen. Aber auch mit 1 ½ EL kräftigem Pizzagewürz oder 2 EL Sesamsamen ist das Brot sehr lecker!

Dinkel-Naanbrot

Naanbrot ist die perfekte Beilage zu allen möglichen Gemüsegerichten, zu Hühnchen und Salaten. Hier finden Sie zwei Rezeptvarianten. Das erste Rezept enthält Trockenhefe, das zweite Weinstein und ist damit für all diejenigen geeignet, die keine Hefe zu sich nehmen wollen.

DINKEL-NAANBROT (MIT TROCKENHEFE)

ERGIBT 10–12 BROTE

1 Päckchen **Trockenhefe** (12 g)

50 g **Rohzucker** oder 1 EL **Akazienhonig**

3 EL **Milch/Reismilch/Mandelmilch**

1 **Ei**

2 TL **Meersalz**

600 g fein gemahlenes **Dinkelmehl** oder eine andere Sorte (Statt Dinkelmehl können Sie z. B. auch Weizenvollkornmehl verwenden. Falls Sie erst dabei sind, sich an gröberes Mehl zu gewöhnen, können Sie auch 300 g Dinkelmehl und 300 g weißes Mehl mischen und den gröberen Anteil nach und nach erhöhen.)

1 **Knoblauchzehe** (wer mag)

Kokosöl zum Braten

ggf. 50 ml **Kokosöl** (flüssig) zum Einpinseln, alternativ **Knoblauchöl** (siehe S. 175)

DINKEL-NAANBROT (MIT WEINSTEINBACKPULVER)

ERGIBT CA. 8 BROTE

450 g fein gemahlenes **Dinkelmehl** (oder eine Mischung aus anderen Mehlsorten, wie im oberen Rezept beschrieben)

2 TL **Weinsteinbackpulver**

¼ TL **Meersalz**

1 EL **Tandoori Masala** (indische Gewürzmischung)

300 g **Joghurt**

1–2 **Knoblauchzehen** (wer mag)

1. Das Mehl, das Weinsteinbackpulver, das Meersalz und das Tandoori Masala in einer Schüssel mischen.

2. Die Knoblauchzehen pressen und mit dem Joghurt in die Schüssel geben. Den Teig gut durchkneten (ggf. mit dem Knethaken der Küchenmaschine).

3. Anschließend gehen Sie vor, wie unter Punkt 6–9 im ersten Naanbrot-Rezept beschrieben.

Zubereitung

1. Die Trockenhefe in 240 ml lauwarmem Wasser auflösen. Ca. 10 Minuten stehen lassen, bis sich Schaum bildet.

2. Das Hefewasser mit dem Rohzucker oder Honig, der Milch, dem Ei, dem Salz und dem Mehl verrühren. Knoblauch pressen und dazugeben.

3. Den Teig 6–8 Minuten mit den Händen kneten. Die Arbeitsfläche mit etwas Mehl bestreuen, damit der Teig nicht festklebt. Eine große Schüssel mit Öl einpinseln und den Teig hineinlegen. Mit einem feuchten Tuch abdecken und 1 Stunde gehen lassen, bis der Teig doppelt so groß geworden ist.

4. Den Teig noch einmal kurz durchkneten und ggf. den Knoblauch einarbeiten.

5. Aus dem Teig golfballgroße Kugeln formen und auf eine geölte Fläche legen. Mit einem Tuch abdecken und noch einmal 30 Minuten gehen lassen, bis die Kugeln doppelt so groß geworden sind.

6. Wenn Sie das Hauptgericht, zu dem Sie das Naanbrot servieren möchten, fertig zubereitet haben, erhitzen Sie bei hoher Temperatur eine Pfanne für das Brot. Am besten nehmen Sie dafür eine Pfanne, in der Speisen nicht so leicht anbacken.

7. Eine Teigkugel nach der anderen zu Naanbroten formen. Am einfachsten geht das, indem Sie den Teig mit beiden Händen in Form ziehen (wie Pizzabäcker das mit dem Pizzateig machen). Sie können auch ein Nudelholz verwenden. Den Teig aber nicht zu dünn ausrollen. Die Brote sollen klein und kompakt sein.

8. Ein kleines Stück Kokosöl in die Pfanne geben, schmelzen lassen und den Teig hineinlegen. Am besten testen Sie erst einmal an einem Brot Temperatur und Bratdauer. In der Regel braucht jede Seite 2–3 Minuten. Das Brot sollte luftig und leicht gebräunt sein. Wenn das Brot fertig ist, mit Kokosöl einpinseln. Alternativ können Sie auch Knoblauchöl nehmen, falls die Knoblauchnote stärker durchkommen soll.

9. Frisch aus der Pfanne ist das Naanbrot am leckersten. Daher steht das restliche Essen (z. B. der Salat oder das Hähnchen) am besten schon fertig auf dem Tisch, wenn Sie die Brote rösten. Dann kann es gleich losgehen, sobald das Brot heiß aus der Pfanne kommt.

KNOBLAUCHÖL ZUM EINPINSELN

3 Knoblauchzehen
300ml natives **Olivenöl** extra vergine

Die Knoblauchzehen pressen und in das Olivenöl rühren.

Asiasalat
mit Soja-, Limetten- und Sesamdressing

Dieser schöne Salat passt besonders gut zu Fisch.

FÜR DEN SALAT

1 Kopf/1 Tüte **Blattsalat**

1 **Karotte**, in Streifen geschnitten

½ **grüner Apfel**, in Streifen
    geschnitten

½ **rote Zwiebel**, fein gehackt

3 **Radieschen**, klein geschnitten

200 g **Weißkohl**, fein gehackt

6 frische **Minzblätter**,
    fein gehackt

50 g **Bohnensprossen**

Alle Zutaten in einer
Salatschüssel vermengen.

FÜR DAS DRESSING

100 ml **Sojasauce** (z. B. Tamari)

40 ml **Sesamöl**

20 ml **Fischsauce**

½ **Knoblauchzehe**, fein gehackt

1 **Schalotte**, fein gehackt

1 TL **Sesamsamen**

¼ rote **Chilischote**, fein gehackt

2 EL frischer **Koriander**, fein gehackt

Alle Zutaten zu einem
Dressing verrühren und über
den Salat gießen.

GEBÄCK

- Sonntagsbrötchen
- Glutenfreie Waffeln
- Mandelplätzchen
- Knäckebrot
- Geburtstagskuchen – Eis im Hörnchen
- Schoko-Nuss-Kuchen ohne Mehl
- Engelskringel mit Marzipanfüllung
- Glutenfreie Pfannkuchen
- Walnussbrot
- Schoko-Cookies ohne Mehl
- Apfel-Birnen-Crumble

Sonntagsbrötchen

Es gibt nichts Leckereres als diese Brötchen, wenn sie frisch aus dem Ofen kommen. Hat sich Besuch angekündigt, halte ich die noch ungebackenen Brötchen meist mit einem Tuch abgedeckt auf dem Backblech bereit und schiebe sie erst in den Ofen, wenn ich weiß, dass die Gäste auf dem Weg sind.

ERGIBT CA. 12 STÜCK

- 200 ml **Milch/Reismilch/Mandelmilch**
- 2 EL natives **Olivenöl** extra vergine
- 6 g **Trockenhefe**
- 2 TL **Rohzucker** (wer mag)
- ½ TL **Meersalz**
- 140 g **Hüttenkäse** (wer keine Milchprodukte verträgt, kann stattdessen 100 g Apfelmus nehmen)
- 80 g **Sonnenblumenkerne** oder eine **Körnermischung**
- 100 g kernige **Haferflocken**
- 20 g **Weizenkleie**
- 600 g fein gemahlenes **Dinkelmehl**, ggf. auch etwas mehr (Sie können auch ganz oder teilweise andere Mehlsorten verwenden, z. B. Dinkelmehl mit weißem Mehl oder Weizenvollkornmehl mischen.)

Zubereitung

1. Die Milch, das Öl und 300 ml Wasser auf 37 °C erwärmen. Dann die Hefe, den Zucker und das Salz einrühren.

2. Die restlichen Zutaten hinzugeben und den Teig in der Küchenmaschine gut durcharbeiten. Falls er am Rand der Schüssel klebt, noch etwas Mehl einrühren.

3. Die Schüssel mit einem Tuch abdecken und den Teig 30 Minuten gehen lassen.

4. Den Backofen auf 200 °C vorheizen.

5. Den Teig noch einmal gut durchkneten. Ich setze die Schüssel meist wieder in die Küchenmaschine und verwende zunächst den Knethaken. Wenn Sie den Teig schließlich mit den Händen weiterkneten, fügen Sie so lange Mehl zu, bis er nicht mehr an den Fingern klebt.

6. Aus dem Teig 12 große Kugeln formen (jeweils um die 120 g) und auf ein mit Backpapier ausgelegtes Blech legen. Im heißen Ofen ca. 20 Min. backen.

Bei diesem Rezept können Sie mit den Mehlsorten spielen und helles und dunkles, grobes und feines Mehl nach Lust und Laune mischen. Falls Sie sich erst an gröberes Mehl herantasten, erhöhen Sie den Dinkelanteil nach und nach. Ich backe die Brötchen auch gern mit Vollkornmehl – allerdings gemischt mit feineren Mehlsorten, damit die Brötchen nicht zu massiv werden.

Diese Brötchen schmecken großartig mit Butter, Käse und Marmelade – am besten mit einer selbst gemachten (siehe S. 151).

Glutenfreie Waffeln

mit Schokoladeneis

Dieser Waffelteig lässt sich beliebig erweitern und noch gehaltvoller machen, zum Beispiel mit Kürbiskernen, Mandelblättchen, geschroteten Leinsamen oder was Ihnen sonst noch einfällt. Für glutenfreies Brot ist mein Sohn nicht so zu haben, aber diese Waffeln findet er super. Daher mache ich oft die drei- bis vierfache Menge des Rezepts. Ich nutze ein belgisches Waffeleisen (damit werden die Waffeln etwas dicker als gewöhnliche Waffeln), lasse die Waffeln auf einem Gitter abkühlen und friere sie einzeln in Frühstückstüten ein. Dann kann er sich jederzeit eine Waffel aus der Tiefkühltruhe holen, sie auftoasten und mit Schoko-Erdnuss-Creme (siehe S.154) oder Bananenscheiben belegen. Gerade wenn die Waffeln als Brotersatz gegessen werden, sollten Sie dem Teig mit Kürbiskernen und Co. eine Extraportion Nährstoffe verpassen.

ERGIBT CA. 8 WAFFELN

240 g glutenfreies **Mehl**
(oder 120 g Reismehl
120 g Buchweizenmehl)

1 ½ TL **Weinsteinbackpulver**

10 g **Hirseflocken**

½ TL **Meersalz**

3 EL flüssiges **Kokosöl**

2 **Eier**

400 ml **Hanfmilch, Reismilch, Mandelmilch** oder normale **Kuhmilch**

1 TL **Vanilleextrakt**

Kokosöl oder **Olivenöl** zum Einfetten des Waffeleisens

ZUM SERVIEREN

Schokoladeneis oder **Obst**
(z. B. Erdbeeren und Bananen)
mit **dunkler Schokolade**
(Kakaoanteil 70 %), ggf.
ein paar Tropfen **Minzöl**
und **Vanilleeis**.

Zubereitung

1. Das Mehl mit dem Backpulver vermengen.

2. Alle anderen Zutaten zugeben und gut verrühren. Der Teig wirkt relativ dünn, ergibt aber wunderbare Waffeln.

3. Das Waffeleisen erhitzen und mit Kokos- oder Olivenöl einfetten.

4. Eine Kelle Teig in das heiße Eisen geben und backen.

5. Die heißen Waffeln mit Schokoladeneis (z. B. dem selbst gemachten von S.213) servieren. Eine andere leckere Alternative: Dunkle Schokolade im Wasserbad schmelzen und in ein Kännchen füllen. Wer es gern minzig mag, kann die Schokoladensauce noch mit ein paar Tropfen Minzöl verfeinern. Erdbeeren und Bananen klein schneiden und auf den Waffeln verteilen. Eine Kugel Vanilleeis auf die Waffeln geben und die Schokosauce darübergießen.

Mandelplätzchen

Kindern macht das Plätzchenausstechen meist große Freude, daher lassen Sie die Kleinen mithelfen, wenn Sie dieses Rezept ausprobieren. Ohne Zucker gebacken, kann man diese Kekse auch wunderbar mit Butter und Käse essen.

180 g **Mandeln**

180 g **Vollkornweizenmehl** oder fein gemahlenes **Dinkelmehl**

50 g **Rohzucker** oder **Xylit**

½ TL **Meersalz**

¼ TL gemahlener **Zimt**

10 g **Butter**, direkt aus dem Kühlschrank

2 EL **Eiswasser**, ggf. etwas mehr

Mehl für die Arbeitsfläche

Für eine **glutenfreie Variante** verwenden Sie 240 g Mandeln (oder Mandelmehl) und 120 g glutenfreies Mehl.

---

1. Die Mandeln in der Küchenmaschine mahlen. Das Mehl, den Zucker/das Xylit, das Salz und den Zimt hinzugeben und alles gut vermengen.

2. Die kalte Butter in kleine Würfel schneiden und zum Teig geben. Das Eiswasser darübergießen. Vorsichtig umrühren. Falls vorhanden, die Pulse-Taste der Küchenmaschine verwenden. Andernfalls die Maschine mehrfach kurz rühren lassen, bis der Teig beginnt, sich vom Schüsselrand zu lösen.

3. Den Teig mit der Hand zu einer Kugel kneten. Die Teigkugel zurück in die Rührschüssel legen und mit Frischhaltefolie abdecken. In den Kühlschrank stellen, bis der Teig etwas fester geworden ist, nicht länger als 30 Minuten.

4. Den Backofen auf 175 °C vorheizen.

5. Die Arbeitsfläche mit Mehl bestreuen und den Teig darauf ausrollen, bis er 0,5 cm dick ist. Mit Backförmchen oder auch einfach mit einem Messer Kreise, Tiere oder was immer Ihnen einfällt ausstechen.

6. Ein Backblech mit Backpapier auslegen und die Plätzchen mit einem Spachtel darauflegen. Auf dem mittleren Rost in den Ofen schieben.

7. Die Plätzchen so lange backen, bis die Ränder goldbraun werden (je nach Ofen ca. 20–30 Minuten). Nicht zu lange im Ofen lassen!

8. Die Plätzchen auf einem Gitter auskühlen lassen. In einer luftdichten Box bleiben die Plätzchen bei Raumtemperatur bis zu 5 Tage lang frisch.

Knäckebrot

mit Rote-Bete-Hummus

Ich liebe gutes Essen — ganz besonders, wenn es so schön aussieht wie dieser Rote-Bete-Hummus. Etwas Pinkeres als diesen Hummus habe ich selten gesehen.

135 g **Sonnenblumenkerne**

65 g **Sesamsamen**

30 g **Haferflocken** (eine glutenfreie Sorte, falls die Knäckebrote glutenfrei werden sollen)

65 g geschrotete **Leinsamen**

210 g **Dinkelmehl** oder 240–270 g **glutenfreies Mehl** (bei Buchweizenmehl 270 g)

1–2 TL **Meersalz**, ggf. zzgl. Salz zum Bestreuen

100 ml natives **Olivenöl** extra vergine

Zubereitung

1. Den Backofen auf 200 °C vorheizen.
2. Alle trockenen Zutaten in eine Schüssel geben und mit einem Löffel vermengen.
3. Das Öl und 200 ml Wasser darübergießen und umrühren. Der Teig ist relativ feucht.
4. Backpapier auf ein Backblech legen und die Hälfte des Teigs mittig auf das Blech geben. Ein zweites Blatt Backpapier darüberlegen und so lange mit einem Nudelholz darüberrollen, bis der Teig über das gesamte Blech verteilt und schön dünn ist. Mit einem Pizzaroller oder Messer die Knäckebrote nach Belieben zuschneiden.
5. Nach Geschmack mit Meersalz bestreuen.
6. In den Ofen schieben und 15–20 Minuten backen, bis die Ränder goldbraun sind.
7. Mit der zweiten Hälfte des Teiges genau so verfahren.

ROTE-BETE-HUMMUS

Schmeckt besonders gut auf Knäckebrot oder als Dip zu Tortillachips.

250 g **Rote Bete**

1 kleine **Knoblauchzehe**

4 EL **Zitronensaft**

2 EL **Tahin** (Sesammus)

1 EL gemahlener **Kreuzkümmel**

Zubereitung

1. Den Backofen auf 200 °C vorheizen.
2. Die Rote Bete in Alufolie einwickeln und auf dem mittleren Rost 1–1 ½ Stunden backen. Unter fließendem kaltem Wasser abkühlen und schälen. Anschließend in Würfel schneiden — dabei Handschuhe tragen.
3. Die Rote-Bete-Würfel mit allen anderen Zutaten in die Küchenmaschine geben und fein pürieren. Abschmecken und ggf. noch mit etwas Zitronensaft, Kreuzkümmel oder Knoblauch nachwürzen.

Da die verschiedenen Mehlsorten unterschiedlich viel Wasser binden, kann es sein, dass der Teig zu klebrig oder zu trocken wird. Das merken Sie beim Formen der Kugel oder spätestens beim Ausrollen auf dem Backblech. Sollte der Teig zu klebrig sein, geben Sie noch einen Hauch Mehl dazu. Bröselt er auseinander, braucht er noch Wasser. Das geben Sie am besten teelöffelweise hinzu, bis der Teig die richtige Konsistenz hat.

Geburtstagskuchen – Eis im Hörnchen

mit Kokos-Mandel-Creme

Dieses Rezept ist großzügig bemessen. Wenn Sie die halbe Menge nehmen, passt es genau in eine normale runde Kuchenform (26 cm). Um diese schöne Eisform zu erhalten, verwenden Sie am besten eine Kuchenform, die Sie im Fachhandel bekommen können.

FÜR DEN KAROTTENKUCHEN

375 g **Karotten**, gerieben

240 g **Rohzucker** (kann auch weniger sein)

4 **Eier**

200 ml natives **Olivenöl** extra vergine oder flüssiges **Kokosöl**

5 TL **Weinsteinbackpulver**

250 g fein gemahlenes **Dinkelmehl**

100 g gemahlene **Mandeln**

2 TL gemahlener **Zimt**

2 TL **Vanilleextrakt**

Butter oder **Öl** zum Einfetten der Backform

1. Den Backofen auf 170 °C vorheizen.

2. Die Karotten waschen, schälen und die Enden abschneiden. Mit einer Reibe oder in der Küchenmaschine fein raspeln.

3. Den Rohzucker und die Eier verquirlen. Die restlichen Zutaten hinzugeben und alles gut verrühren.

4. Die Backform einfetten und den Teig hineingießen.

5. Die Form auf dem mittleren Rost in den Ofen schieben und ca. 45 Minuten backen. Die Backzeit kann je nach Größe von Backform und Ofen variieren. Am besten stechen Sie nach gut 30 Minuten mit einer Nadel in den Kuchen. Bleiben keine Teigreste daran kleben, ist der Kuchen fertig.

6. Den Kuchen aus dem Ofen nehmen und 10–15 Minuten abkühlen lassen. Dann aus der Form nehmen. Bevor der Kuchen mit der Creme bestrichen wird, sollte er komplett ausgekühlt sein.

FÜR DIE KOKOS-MANDEL-CREME

325 g geschälte **Mandeln**

200 ml **Kokosmilch** (Sie können die Flüssigkeit aus den Dosen verwenden, aus denen Sie die Kokossahne abschöpfen, s. u.)

100 ml **Agavendicksaft** oder **Honig**

2 EL flüssiges **Kokosöl**

1 Prise **Salz**

320 ml **Kokosmilch** (Kokosmilch am Vorabend in den Kühlschrank stellen, damit sich die Sahne als feste Schicht absetzt und man sie leicht abschöpfen kann)

ggf. einige TL **Kakao**

Kokosflocken und/oder **Erdbeeren** zum Verzieren

1. Vorsichtig die gekühlte Kokosmilchdose öffnen und die Sahne herauslöffeln, ohne dass Flüssigkeit mit abgeschöpft wird. In einen Mixbecher geben und zur Seite stellen.

2. Die Mandeln, die Kokosmilch, den Agavendicksaft bzw. Honig, das Kokosöl und das Salz in die Küchenmaschine geben und mixen. (Falls Ihre Maschine nicht ganz so leistungsfähig sein sollte, mahlen Sie am besten zuerst separat die Mandeln.) Langsam beginnen und dann die Geschwindigkeit erhöhen, bis eine Creme entsteht. Das kann je nach Maschine eine ganze Weile dauern. Am Ende wird die Creme zu einer Art Marzipanmasse.

3. Die Creme in eine Schüssel umfüllen und zum Kühlen in den Kühlschrank stellen.

4. Die Kokossahne mit dem Handrührgerät aufschlagen, bis sich das Volumen der Sahne verdoppelt hat.

5. Die Creme in drei Portionen mit der Kokossahne vermengen, am besten mit dem Handrührgerät oder der Rührmaschine. Dann ist die Creme fertig.

6. Damit sich die Eiswaffel farbig von der Eiskugel abhebt, rühre ich in einen Teil der Creme Kakao ein. Einen TL nach dem anderen, bis die Creme die gewünschte Farbe hat.

7. Wenn Sie die Creme auf den Kuchen spritzen möchten, müssen Sie sie ggf. noch einmal in den Kühlschrank stellen, dann wird sie fester und bleibt später besser in Form.

8. Zum Schluss den Kuchen nach Lust und Laune mit Kokosflocken und/oder Erdbeeren verzieren.

Schoko-Nuss-Kuchen ohne Mehl

Ein Stück von diesem Kuchen, dazu eine Tasse Kaffee oder ein Glas Milch — einfach köstlich, mehr braucht es nicht. Wer noch einen obendrauf setzen will, kann dunkle Schokolade (mit 70 % Kakaoanteil) schmelzen und über den Kuchen gießen und dazu Schlagsahne oder, wie auf dem Bild, griechischen Joghurt mit Honig servieren.

300 g geschälte **Mandeln** (oder auch gleich gemahlene Mandeln)

190 g **Walnüsse**

200 g dunkle **Schokolade** (70 % Kakaoanteil)

250 g **Butter** (Raumtemperatur) zzgl. etwas zum Einfetten des Backpapiers

1 TL **Vanilleextrakt**

200 g **Xylit** oder **Rohzucker**

5 **Eier**

ggf. dunkle **Schokolade** (70 % Kakaoanteil) und **Schlagsahne** oder griechischen **Joghurt** mit **Honig** zum Servieren

Zubereitung

1. Den Backofen auf 150 °C vorheizen.

2. Eine rechteckige Backform oder eine andere feuerfeste Form (20 cm x 25 cm oder 23 cm x 23 cm) mit Backpapier auslegen. Ich fette das Papier zusätzlich immer noch ein bisschen mit Butter ein.

3. Die Mandeln, die Walnüsse und die Schokolade in der Küchenmaschine fein mahlen.

4. Die Butter, den Vanilleextrakt und das Xylit/den Rohzucker cremig rühren. Nacheinander die Eigelbe zugeben (das Eiweiß in einem Mixbecher sammeln und zur Seite stellen). Die Schoko-Nuss-Mischung unterrühren.

5. Das Eiweiß mit dem Handrührgerät steif schlagen. In mindestens drei Portionen den Teig mit dem Eiweiß vermengen. Am besten benutzen Sie dafür einen Teigschaber und heben das Eiweiß mit großen kreisenden Bewegungen vorsichtig unter, sodass der Teig schön luftig bleibt.

6. Den Teig in die Form gießen und 1 ¼ Stunden auf dem mittleren Rost backen. In der Form abkühlen lassen. Über Nacht oder mindestens 4 Stunden vor dem Servieren in den Kühlschrank stellen.

Engelskringel mit Marzipanfüllung

An dem Tag, als ich mich an diesen Schnecken versuchte, verlor eine Bekannte durch einen schrecklichen Unfall ihr Kind. Als ich abends am Computer saß, um das Rezept aufzuschreiben, bekamen sie plötzlich wie von selbst ihren Namen: Engelskringel. Sie erinnern mich daran, unendlich dankbar dafür zu sein, dass ich alle meine Kinder bei mir habe.

ERGIBT 12–18 KRINGEL

FÜR DEN TEIG

240–270 g fein gemahlenes **Dinkelmehl**

4 TL **Weinsteinbackpulver**

2 EL **Rohzucker** (wer mag)

1 TL **Salz**

3 EL **Butter** (Raumtemperatur) oder **Kokosöl**
(Das Kokosöl direkt aus dem Glas nehmen, nicht schmelzen. Die Butter sollte weich sein, aber nicht zerlassen werden oder direkt aus dem Kühlschrank kommen)

175 g **Joghurt** oder 140–150 ml **Mandelmilch**

Kokosöl oder **zerlassene Butter**
zum Einpinseln

FÜR DIE MARZIPANFÜLLUNG

200 g **geschälte Mandeln**

100 ml **Kokosmilch**

100 ml **Agavendicksaft** oder **Honig**

1 EL **Kokosöl**

Dinkelmehl für die Arbeitsfläche

Zubereitung

Am besten beginnen Sie mit der Marzipanfüllung.

1. Alle Zutaten für die Füllung 5–8 Minuten in der Küchenmaschine zusammenmixen, bis eine körnige Masse entsteht. Beiseitestellen.

2. Den Backofen auf 200 °C vorheizen.

3. In einer Rührschüssel 240 g Mehl (den Rest brauchen Sie ggf. später), das Backpulver, den Rohzucker und das Salz vermengen.

4. Die Butter in kleinen Stücken auf den Teig geben und unterkneten. Den Joghurt hinzufügen und gut verkneten. Falls der Teig zu klebrig ist, noch etwas Mehl zugeben. Am besten testen Sie das, indem Sie den Teig in die Hände nehmen.

5. Die Arbeitsfläche mit Mehl bestreuen und den Teig mit dem Nudelholz rechteckig ausrollen.

6. Das Kokosöl oder die Butter schmelzen und den Teig damit einpinseln. Nicht zu viel, sonst wird der Teig zu feucht.

7. Die Marzipanfüllung auf dem Teig verteilen. Den Teig aufrollen und in Scheiben schneiden. Je nach Dicke der Scheiben erhalten Sie 12–18 Kringel.

8. Die Kringel auf ein Backblech mit Backpapier legen und auf dem mittleren Rost 20–25 Minuten goldbraun backen.

Glutenfreie Pfannkuchen

120 g **Reismehl** und 120 g **Buchweizenmehl** oder 240 g einer anderen **glutenfreien Mehlsorte**

2 TL **Weinsteinbackpulver**

1 TL **Meersalz**

3 **Eier**

200 ml **Reismilch/Kuhmilch/Mandelmilch**

4 EL **Kokosöl** (zum Schmelzen das Glas unter fließendes warmes Wasser halten) und 1 weiterer TL zum Backen

1 TL **Vanillemark** oder **Vanilleextrakt** (wer mag)

ggf. selbst gemachte **Schoko-Nuss-Creme** (siehe S. 154), **70%ige Schokolade**, selbst gemachtes **Eis** (siehe S. 213), **Erdbeeren** und **Bananen** zum Servieren

Zubereitung

1. Das Mehl mit dem Backpulver vermengen.

2. Alle übrigen Zutaten hinzufügen und den Teig sorgfältig verrühren.

3. In einer kleinen Pfanne 1 TL Kokosöl erhitzen.

4. Eine Kelle Teig in die Pfanne geben. Wenn die Unterseite goldbraun ist und die Oberseite zu trocknen beginnt, den Pfannkuchen umdrehen.

5. Falls es ein Schoko-Pfannkuchen werden soll, jetzt die Schokocreme oder Schokolade auf den Pfannkuchen geben und schmelzen lassen.

6. Nach Geschmack Erdbeeren und Bananen klein schneiden und den Pfannkuchen damit belegen. Mit selbst gemachtem Eis servieren.

Bei uns zu Hause sind Pfannkuchen mit Butter oder mit Bananenscheiben und Ahornsirup der Renner. Probieren Sie aus, was Ihrer Familie am besten schmeckt!

Walnussbrot

mit Aprikosen und grünem Tee

Dieses Brot ist würzig und süß zugleich. Besonders lecker schmeckt es frisch getoastet mit Butter. Ich backe immer gleich zwei Brote auf einmal und friere eins davon ein.

125 g **Aprikosen**

1 Beutel **grüner Tee**

40 g **Haferflocken** zzgl.
    1 EL zum Bestreuen

250 g **Dinkelmehl**

3 TL **Weinsteinbackpulver**

2 TL **Salz**

1–2 **Eier** (1 großes oder 2 kleine)

3 EL **Honig**

50 g **Walnüsse**

70 ml **Milch/Mandelmilch/Reismilch**

Zubereitung

1. Die Aprikosen waschen, entkernen und in kleine Stücke schneiden. Die Aprikosenstücke und den Teebeutel in einen kleinen Topf mit 225 ml Wasser geben und aufkochen lassen. Die Temperatur reduzieren und 5 Minuten köcheln lassen. Den Teebeutel heraus und den Topf von der Flamme nehmen.

2. Die Haferflocken einrühren. Den Topf mit Deckel beiseitestellen.

3. In einer Rührschüssel das Mehl, das Backpulver und das Salz vermengen.

4. Den Deckel vom Topf mit der Aprikosen-Tee-Haferflocken-Mischung nehmen, kurz umrühren und abkühlen lassen.

5. Den Backofen auf 180 °C vorheizen.

6. In einer Schüssel das Ei verquirlen und den Honig einrühren.

7. Die Walnüsse grob hacken.

8. Bei der geringsten Rührgeschwindigkeit die Ei-Honig-Mischung über das Mehl gießen. Die Milch zufügen und vorsichtig die Aprikosen-Mischung unterheben. Damit die Aprikosen nicht zerfallen, den Teig so wenig wie möglich rühren. Der Teig darf ruhig sehr grob sein. Sollte sich das Mehl noch nicht richtig mit dem Teig verbunden haben, geben Sie noch einen Schluck Milch hinzu.

9. Mit einem Kochlöffel die Walnüsse unterheben.

10. Eine Kastenform mit einem Stück Backpapier auskleiden, sodass das Papier über die Ränder hinausragt. Den Teig hineingeben und mit 1 EL Haferflocken bestreuen.

11. Auf dem mittleren Rost 40–50 Minuten backen. Stechen Sie mit einer Nadel in das Brot; wenn kein Teig daran kleben bleibt, ist es fertig. Nicht zu lange backen, sonst wird das Brot schnell zu trocken.

Schoko-Cookies ohne Mehl

Wer hätte gedacht, dass man ohne Mehl so himmlische Schoko-Cookies backen kann? Statt gewöhnlichem Mehl wird in diesem Rezept Mandelmehl verwendet, das schlicht und ergreifend aus gemahlenen Mandeln besteht. Das Gute an diesem Mandelmehl: Es ist so schön gehaltvoll. Nach zwei Plätzchen ist man satt und zufrieden.

ERGIBT CA. 25 STÜCK

300 g **Mandelmehl**

1 TL **Weinsteinbackpulver**

½ TL **Meersalz**

100 ml **Kokosöl** (halten Sie das Glas unter fließendes warmes Wasser, damit das Öl flüssig wird)

100 ml **Agavendicksaft** oder **Honig**

2 TL **Vanilleextrakt**

80 g **dunkle Schokolade** (Kakaoanteil 70 %)

Zubereitung

1. Den Backofen auf 175 °C vorheizen.

2. In einer Schüssel das Mandelmehl, das Backpulver und das Salz vermengen.

3. In einer zweiten Schüssel das Kokosöl, den Agavendicksaft bzw. Honig und den Vanilleextrakt sorgfältig verquirlen.

4. Die Schokolade in feine Stückchen hacken. Sie dürfen nicht zu groß sein, sonst fallen die Plätzchen später auseinander.

5. Den Inhalt der beiden Schüsseln zusammenfügen und in der Küchenmaschine oder mit einem Quirl oder Kochlöffel zu einem Teig rühren.

6. Die Schokoladenstückchen mit Quirl oder Kochlöffel unterheben.

7. Zwei Backbleche mit Backpapier auslegen.

8. Aus jeweils 1 EL Teig mit den Händen Kugeln formen, auf die Bleche legen und etwas platt drücken.

9. Die Bleche auf dem mittleren Rost in den Ofen schieben und ca. 10 Minuten backen, bis die Cookies goldgelb sind.

10. Die Cookies aus dem Ofen holen und 10 Minuten auf den Blechen auskühlen lassen. Sofort servieren.

Apfel-Birnen-Crumble
mit Quinoa und Pekannüssen

Dieser Crumble ist wirklich unwiderstehlich — sowohl mit normalem als auch mit glutenfreiem Mehl. Und erst die warmen Pekannüsse ... Mit einer Kugel Eis ist das der perfekte Nachtisch. Ich backe den Crumble entweder in einer kleinen Ofenform (20 x 20 cm) oder in feuerfesten Schälchen. Wenn Sie die doppelte Menge nehmen, können Sie auch eine normale Auflaufform verwenden.

FÜR 4 PERSONEN

2 **Äpfel**

1 **Birne**

3 EL **Ahornsirup** (alternativ können Sie auch dunklen Agavendicksaft verwenden, davon genügt etwas weniger)

Zubereitung

1. Den Backofen auf 180 °C vorheizen.

2. Die Äpfel und die Birne schälen, in Würfel schneiden und in die Form geben. Mit Sirup beträufeln.

3. Die Form mit Alufolie abdecken und für 20 Minuten auf dem mittleren Rost in den Ofen schieben.

Während das Obst im Ofen ist, bereiten Sie die Streusel zu.

FÜR DIE STREUSEL

100 g **fein gemahlenes Dinkelmehl** oder eine glutenfreie Alternative

70 g **Rohzucker**

70 g **Quinoa**

80 g **Haferflocken** (ggf. glutenfrei)

100 g kalte **Butter**

100 g **Pekannüsse**

Eis zum Servieren

1. In einer Schüssel das Mehl, den Zucker, die Quinoa und die Haferflocken vermengen.

2. Die kalte Butter in Würfel schneiden und dazugeben. Den Teig mit den Händen zu Streuseln kneten.

3. Wenn die Äpfel und Birnen 20 Minuten im Ofen waren, aus dem Ofen nehmen und die Streusel darauf verteilen. Den Ofen nicht ausschalten.

4. Zuletzt die Pekannüsse darüberstreuen.

5. Auf dem mittleren Rost zurück in den Ofen schieben und weitere 20–25 Minuten backen. Werfen Sie ab und zu einen Blick in den Ofen. Die Streusel sollten goldbraun werden und die Pekannüsse nicht anbrennen.

6. Mit Eis servieren, z. B. mit selbst gemachtem Zimteis (siehe S. 214).

Quinoa wird auch das kleine Korn mit dem großem Proteingehalt genannt. Quinoa enthält reichlich Eiweiß und ist absolut glutenfrei. In ihr stecken alle acht Aminosäuren, die der Körper braucht. Außerdem enthält Quinoa viele Ballaststoffe, Omega-3-Fettsäuren, Vitamin B, Eisen und weitere Mineralien. Das Korn hat einen geringen Fettanteil und ist ein guter Lieferant von komplexen Kohlenhydraten.

SÜßES

- Knusperherzen
- Cornflakestörtchen
- Mandelriegel
- Müsliriegel
- Schokoladenfondue
- Schokoladeneis
- Zimteis
- Erdbeereis

Knusperherzen

3 EL **Honig** (z. B. Akazienhonig)
200 g **Erdnussbutter**
3 EL flüssiges **Kokosöl** (halten Sie das Glas unter fließendes warmes Wasser, damit das Öl flüssig wird)
100 g **dunkle Schokolade** (Kakaoanteil 70 %)
100 g kernige oder zarte **Haferflocken**, ggf. glutenfrei
100 g **Pekannüsse** (man kann auch andere Nüsse oder Trockenobst verwenden)
Pralinen- oder **Silikonförmchen**

Zubereitung

1. Den Honig, die Erdnussbutter und das Kokosöl zusammenrühren.

2. Die Schokolade und die Nüsse in kleine Stücke hacken. Die Schokostücke, die Haferflocken und die Nüsse mit einem Kochlöffel oder mit dem Knethaken der Rührmaschine unter die Honig-Öl-Masse mengen. Keinen Mixer verwenden, da der Teig nicht zu fein werden soll.

3. Aus der Teigmasse Kugeln formen und in runde oder z. B. herzförmige Pralinenformen setzen bzw. drücken. Auf dem Foto habe ich eine herzförmige Silikonform verwendet.

4. Zum Aushärten die Kugeln oder Herzen eine Weile in den Kühlschrank stellen, größere Formen in die Tiefkühltruhe.

Cornflakestörtchen

100 g dunkle **Schokolade**
(Kakaoanteil 70 %)

60 g **Butter**

4 EL **Agavendicksaft** oder **Honig**

150 g **Cornflakes** (es gibt auch zucker- und glutenfreie Sorten)

Muffinförmchen

Zubereitung

1. In einem kleinen Topf auf kleiner Flamme die Schokolade, die Butter und den Agavendicksaft bzw. Honig erwärmen. Rühren, bis die Schokolade und die Butter geschmolzen sind. Nicht zu heiß werden lassen, da die Schokolade empfindlich auf Hitze reagiert.

2. Die Cornflakes in eine Schüssel geben.

3. Die Schokosauce über die Cornflakes gießen. Mit einem Kochlöffel umrühren, bis alle Cornflakes mit Schokolade überzogen sind.

4. Die ummantelten Cornflakes auf Muffinförmchen verteilen und ca. 1 Stunde in den Kühlschrank stellen, bis die Törtchen fest geworden sind.

Mandelriegel

200 g geschälte **Mandeln**

35 g geschrotete **Leinsamen**

40 g **Kokosflocken**

½ TL **Meersalz**

120 g **Mandelmus** oder **Erdnussbutter** (Mandelmus ist zwar teuer, aber eine gute Alternative zu Erdnussbutter, die oft in Rezepten wie diesem verwendet wird)

150 g **Kokosöl**

2 EL **Agavendicksaft** oder **Honig**

2 TL **Vanilleextrakt**

Zubereitung

1. Die Mandeln, die Leinsamen und die Kokosflocken zum Zerkleinern in die Küchenmaschine geben. Lassen Sie die Maschine maximal 5–10 Sekunden laufen, die Mandeln sollen relativ grob bleiben.

2. Das Salz hinzugeben.

3. Das Kokosöl im Glas unter fließendem warmem Wasser flüssig werden lassen. Mit dem Agavendicksaft und dem Vanilleextrakt in eine Schüssel geben und kurz umrühren.

4. Die Kokosöl-Mischung ebenfalls in die Küchenmaschine geben und noch einmal kurz einschalten, bis alle Zutaten vermengt sind. Wirklich nur so lange wie nötig, damit die Masse nicht zu fein wird.

5. In eine Form (20 x 20 cm) füllen und 1 Stunde in den Kühlschrank stellen.

FÜR DEN SCHOKOLADENÜBERZUG

Entweder schmelzen Sie 200 g reine **Schokolade** (Kakaoanteil 70 %) in einem Wasserbad und gießen sie über die Mandelmasse oder Sie gehen wie folgt vor:

100 ml flüssiges **Kokosöl** (unter fließendem warmem Wasser geschmolzen)

60 g **Kakao**

50 ml **Agavendicksaft** oder **Honig**

Zubereitung

1. Alle Zutaten in die Küchenmaschine geben und gut verrühren. Über die fest gewordene Mandelmasse gießen und noch einmal 30 Minuten in den Kühlschrank stellen.

2. Zuletzt die Masse in beliebig große Stücke schneiden.

Leinsamen: Leinsamen enthalten Ballaststoffe, Omega-3-Fettsäuren sowie Antioxidantien und gelten als besonders förderlich für die Verdauung. Gemahlene Leinsamen werden gern Broten, Heiltränken, Waffeln und Kuchen zugesetzt, um den Nährwert zu erhöhen.

Kokosöl: Capryl-, Caprin- und Laurinsäure heißen die Wunderstoffe, die das Kokosöl so wertvoll machen. Diese Fettsäuren helfen nämlich, diverse Krankheitserreger in Schach zu halten und Bakterien, Viren und Pilze unschädlich zu machen, indem sie ihre Zellwände zerstören.

Müsliriegel

mit Cranberrys und Pistazien (auch als Müsli geeignet)

135 g kernige oder zarte **Haferflocken**, ggf. glutenfrei

75 g **Dinkelmehl** oder eine **glutenfreie Alternative**

80 g **getrocknete Cranberrys**

140 g **Pistazien**

40 g **Rohzucker** oder **Xylit**

125 g **Butter**

2 EL **Honig**

1. In einer Schüssel die Haferflocken, das Mehl, die Cranberrys und die Pistazien vermengen.
2. Den Backofen auf 180 °C vorheizen. Den Boden einer feuerfesten Form (ca. 20 x 30 cm) mit Backpapier auslegen.
3. In einem kleinen Topf den Zucker, die Butter und den Honig vorsichtig erwärmen. Gut umrühren, während die Butter schmilzt und sich der Zucker auflöst.
4. Den Inhalt des Topfs in die Schüssel gießen und mit einem Kochlöffel alles gut vermengen.
5. Die Müsliriegelmasse in die Form füllen und glatt streichen. In ca. 20 Minuten goldbraun backen. Nach dem Abkühlen in Riegel schneiden.

Wenn Sie keine Riegel, sondern Müsli backen möchten, verteilen Sie die Masse locker auf einem Blech. Die Backzeit ist dann etwas kürzer. Holen Sie das Müsli aus dem Ofen, sobald es goldbraun wird. In einer luftdichten Dose aufbewahrt, bleibt das Müsli schön knusprig.

Schokoladenfondue

Zutaten: Gemischtes Obst wie Erdbeeren, Bananen, frische Ananas und Äpfel und dunkle Schokolade (Kakaoanteil 70 %).

Gutes und Leckeres muss nicht kompliziert sein. Schokoladenfondue ist ein prima Nachtisch für die ganze Familie. Man braucht dafür bloß frisches Obst, z. B. Erdbeeren, Bananen, Ananas und Äpfel, Schokolade mit 70 % Kakaoanteil und ein einfaches Fondueset – oder einfach ein Stövchen mit Teelicht und kleiner Schale. Sobald die Schokolade geschmolzen ist, kann das Obst hineingedippt werden. Kindern macht das großen Spaß – und es ist ein so schön geselliges und stimmungsvolles Ereignis, wenn alle ihr Obst in die Schokolade tunken.

Hausgemachtes Eis

Warum eine Eismaschine?

Es gibt unzählige Arten von Eismaschinen. Meine besteht aus einer Eisschüssel und einem Aufsatz für meine Küchenmaschine. Sinn und Zweck dieser Maschinen und Adapter ist es, das Eis luftig aufzuschlagen, damit es so leicht und cremig wird wie gekauftes Eis und nicht einfach nur zu einem steinharten Eisklumpen gefriert. Wer keine Eismaschine hat, friert am besten in kleinen Silikon- oder speziellen Eisförmchen ein. Eine andere Empfehlung lautet, das Eis ab und zu umzurühren, während es gefriert (drei bis vier Mal im Abstand von 15—20 Minuten), und so Luft in die Eismasse zu bringen. Nur bei sehr sahnehaltigem Eis ist das nicht notwendig, das wird auch ohne Ihr Zutun schön fluffig.

Schokoladeneis

165 ml **Kokosmilch**
250 ml **Hanfmilch**
100 ml **Agavendicksaft** oder **Honig** (kann auch weniger sein, wenn Sie es nicht so süß haben möchten)
3 EL **Kakao**
½ TL **Meersalz**
1 TL **Vanilleextrakt**

Zubereitung

Ich gebe am liebsten alle Zutaten einfach in den Mixer, in dem ich normalerweise meine Shakes mixe. Die Kanne stelle ich dann in den Kühlschrank, damit die Eisrohmasse abkühlen kann, bevor ich sie in die Eismaschine schütte. Wer keine Eismaschine hat, gießt das Eis zum Einfrieren am besten in kleine Silikon- oder Eisförmchen.

Zimteis

Das Zimteis wird genau wie das Schokoladeneis von S. 213 gemacht, nur dass statt Kakao Zimt verwendet wird. Es schmeckt großartig zu Apfelkuchen oder dem Apfel-Birnen-Crumble von S. 200.

165 ml **Kokosmilch**
250 ml **Hanfmilch**
50 ml **Agavendicksaft** oder **Akazienhonig**
1–2 TL **Zimt**
½ TL **Meersalz**
1 TL **Vanilleextrakt**

Zubereitung: Siehe Schokoladeneis S. 213

Hanfmilch ist besonders reich an Omega-3- und Omega-6-Fettsäuren. Fürs Eismachen ist sie bestens geeignet, da sie cremiger ist als z. B. Mandel- oder Reismilch. Mit Letzteren ist es aber auch möglich.

Erdbeereis

600 g **Erdbeeren**, gefroren
165 ml **Kokosmilch**
½ TL **Vanilleextrakt**
50 ml **Agavendicksaft** oder **Honig**

Zubereitung

Da in diesem Rezept gefrorene Erdbeeren verwendet werden, muss die Eisrohmasse nicht – wie in den anderen Rezepten – gekühlt werden. Sie können alle Zutaten direkt in den Mixer geben und von dort aus gleich in die Eismaschine. Oder, falls Sie ohne Eismaschine arbeiten, direkt aus dem Mixer in kleine Silikon- oder Eisförmchen umfüllen, die Sie zum Einfrieren in die Tiefkühltruhe stellen.

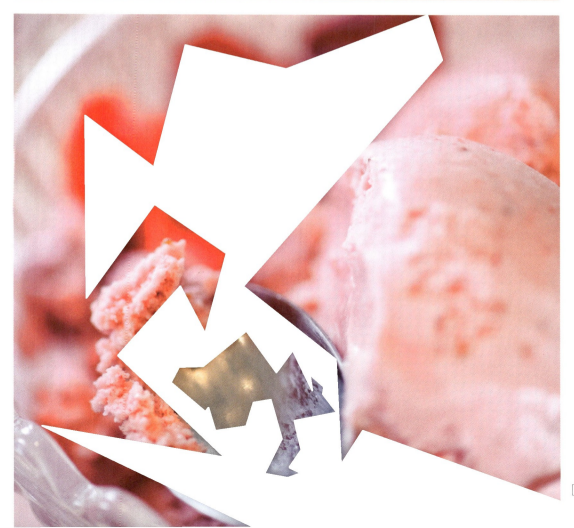

DANKSAGUNG

An erster Stelle möchte ich Siggi danken, meinem Mann, der ein wahres Genie in der Küche ist, und mit dem ich jeden Tag die Liebe zum Kochen und guten Essen teilen darf, und meinen Kindern, die so geduldig meine zahllosen Koch- und Backexperimente ertragen haben.

Meinen Eltern, Geschwistern und Schwiegereltern, die mir immer und jederzeit zur Seite gesprungen sind.

Meiner Frauenrunde, meinen lieben Freundinnen Jórunn, Ágústa Dröfn, Olga Björt, Ragna Jenný, Elísabet und Þóra, die immer bereit waren, mir zu helfen, die mich angespornt und stets an mich geglaubt haben.

Herzlichen Dank für eure Beiträge und Rezepte:

> Unnur Lára Bryde
> Sólveig Eiríksdóttir
> Þórunn Steinsdóttir
> Ebba Guðný Guðmundsdóttir
> Hildur Axelsdóttir
> Guðrún Rebekka Jakobsdóttir

Mein Dank gilt auch den Experten, die daran glauben, dass es mit einer veränderten Ernährung auch natürliche Wege gibt, mit Krankheiten umzugehen. Danke, dass ich Sie zu Zeiten und Unzeiten kontaktieren durfte:

> Hallgrímur Magnússon, Arzt
> Matthildur Þorláksdóttir, Naturheilpraktikerin
> Maria Steffensen, Sozialarbeiterin und Ernährungsberaterin in Dänemark
> Eygló Sigurðardóttir, Heilmasseurin und Beraterin

Folgenden Unternehmen möchte ich herzlich danken:

> Einar Farestveit & co hf.
> Ásbjörn Ólafsson ehf.
> Habitat
> Bungalow in Dänemark für all die schönen handbedruckten Stoffservietten in diesem Buch,
> www.bungalow.dk

Und zuletzt – ich hätte keine besseren Mitstreiter für die Arbeit an diesem Buch finden können:

Nunni, der Fotograf, wusste immer genau, worauf es mir bei den einzelnen Motiven ankam, und war immer für „eins machen wir noch" zu haben. Ein unglaublich fähiger Fotograf mit feinsinnigem künstlerischem Auge.

Als ich mit meiner Idee zu Rósa vom Bókafélag kam, war sie sofort Feuer und Flamme. Sie hat sich mit großem Interesse und großer Professionalität in die Arbeit gestürzt und viele gute Ideen beigetragen, die das Buch noch besser gemacht haben.

Þóra hat sich hundert Stunden mit mir hingesetzt und die Buchgestaltung besprochen, Farben, Schrifttypen, Papier, Druck und alles dazwischen. Meine liebe Þóra, du bist ein Genie.

Vielen herzlichen Dank, Berglind.